VENHA CONHECER O MUNDO!

SUBJETIVIDADE E
EXPERIÊNCIA NA
EDUCAÇÃO INFANTIL

JOSCA AILINE BAROUKH
PAULA FONTANA FONSECA

VENHA CONHECER O MUNDO!

SUBJETIVIDADE E
EXPERIÊNCIA NA
EDUCAÇÃO INFANTIL

PANDA
educação

© Josca Ailine Baroukh e Paula Fontana Fonseca

Diretor editorial
Marcelo Duarte

Diretora comercial
Patth Pachas

Diretora de projetos especiais
Tatiana Fulas

Coordenadora editorial
Vanessa Sayuri Sawada

Assistentes editoriais
Camila Martins
Henrique Torres

Projeto gráfico
Marcello Araujo

Ilustração de capa
Tatiana Paiva

Ilustração interna
Nathan Baroukh

Diagramação
Vanessa Sayuri Sawada

Preparação
Beatriz de Freitas Moreira

Revisão
Cristiane Fogaça
Tássia Carvalho

Impressão
Loyola

CIP-BRASIL. CATALOGAÇÃO NA PUBLICAÇÃO
SINDICATO NACIONAL DOS EDITORES DE LIVROS, RJ

B246v

Baroukh, Josca Ailine
 Venha conhecer o mundo! Subjetividade e experiência na Educação Infantil / Josca Ailine Baroukh, Paula Fontana Fonseca. – 1. ed. – São Paulo: Panda Books, 2022. 128 pp.

ISBN: 978-65-88457-08-5

1. Educação Infantil. 2. Crianças – Formação. I. Fonseca, Paula Fontana. II. Título.

22-75901　　　　　　　　　　　　　　　　CDD: 372.21
　　　　　　　　　　　　　　　　　　　　CDU: 373.2

Bibliotecária: Meri Gleice Rodrigues de Souza – CRB-7/6439

2022
Todos os direitos reservados à Panda Educação.
Um selo da Editora Original Ltda.
Rua Henrique Schaumann, 286, cj. 41
05413-010 – São Paulo – SP
Tel./Fax: (11) 3088-8444
edoriginal@pandabooks.com.br
www.pandabooks.com.br
Visite nosso Facebook, Instagram e Twitter.

Nenhuma parte desta publicação poderá ser reproduzida ou compartilhada por qualquer meio ou forma sem a prévia autorização da Editora Original Ltda. A violação dos direitos autorais é crime estabelecido na Lei nº 9.610/98 e punido pelo artigo 184 do Código Penal.

Às minhas fortes raízes, meus pais Andrée e Jacques, aos frutos suculentos, Nathan e Jacques. E agora, a Liliana e Davida, que inaugurarão uma nova geração.

Josca

A Cecília, minha avó, e seu compromisso amoroso conosco.

Paula

E a arte de apresentar não é apenas a arte de tornar algo conhecido; é a arte de fazer algo existir, a arte de dar autoridade a um pensamento, um número, uma letra, um gesto, um movimento ou uma ação e, neste sentido, ela traz este algo para a vida.

Masschelein e Simons (2019, p. 135)

Sumário

11 Sobre começos...

19 As crianças chegam à escola
22 Escola: *scholé*
25 Infâncias... crianças...
27 Atenção ao mundo
31 A vida se tece com os fios das experiências

43 Como os bebês se tornam humanos
46 O processo de montagem do humano
48 As funções materna e paterna
55 A alteridade funda a experiência subjetiva
57 A função do semelhante

67 Brincar, uma experiência subjetiva das crianças
70 Metáfora como gramática de criação
75 Tempo do brincar
79 O mundo por um fio
83 Entre tempos: o jogo como construção da criança
86 Como as crianças chegam ao faz de conta?

95 Venha conhecer o mundo!
97 Experiência e sentido
102 Escola: lugar de subjetividades
106 Brincando, as crianças narram mundos
112 Sobre rotas e travessias

118 Referências bibliográficas

SOBRE COMEÇOS...

> *De tudo, ficaram três coisas: a certeza de que ele estava sempre começando, a certeza de que era preciso continuar e a certeza de que seria interrompido antes de terminar. Fazer da interrupção um caminho novo. Fazer da queda um passo de dança, do medo uma escada, do sono uma ponte, da procura um encontro.*
>
> Fernando Sabino (2015, p. 177)

Nós nos conhecemos trabalhando. Fazíamos parte da mesma equipe de pesquisadoras que estudava a relação do bebê com a educadora – ou o educador – no cotidiano da Educação Infantil. Estávamos às voltas com o problema de saber quais seriam os eixos importantes a serem sustentados pelos adultos no trabalho educativo, tendo em vista a perspectiva subjetiva. Entendemos subjetividade como a maneira peculiar e única de cada ser humano ser, sentir, pensar e agir, tecida na relação com a comunidade à qual pertence. A pesquisa partia do pressuposto de que na relação do bebê com adultos que lhe fossem referência, como é o caso de sua professora, se dava o processo de subjetivação: isso acontece no ambiente familiar, sem dúvida, com as figuras que exercem os cuidados parentais, mas também acontece na escola.

Foi nessa situação que nos aproximamos, nas reuniões do grupo de pesquisa de que fazíamos parte e nos cafés que aconteciam nos espaços da Universidade de São Paulo, em 2018. A investigação previa também um estudo de campo, momento de nossa imersão nas salas de aula de algumas escolas parceiras.

Era sábado. Organizadas em duplas de trabalho, nos distribuímos pelos assentos do ônibus fretado e a conversa correu solta: tantos interesses em comum, nossos livros preferidos, o carinho pela literatura infantil que, afinal, ganha esse nome por ter as crianças como interlocutoras privilegiadas, mas toca na alma adulta de forma tão delicada... Uma listinha de novas aquisições foi sendo formulada mentalmente em cada uma de nós, e aventamos que um café numa livraria também cairia bem.

Porém, não era ainda o começo deste livro. Ele começou, sem que soubéssemos que aquilo era seu começo, quando encontramos o pequeno Henrique[1]. Mas sigamos a cronologia dos fatos, para facilitar a sua vida na leitura desta obra. No contexto da pesquisa, havia sido combinado que acompanharíamos algumas dinâmicas em grupo-classe, conversaríamos com professoras e, depois, teríamos um momento separado com as crianças.

Entramos na sala da professora Stephanie. Uma turminha de aproximadamente 35 crianças com cerca de quatro

---

[1] Os nomes da professora e do aluno foram alterados para preservar suas identidades.

anos se distribuía pelas mesas que estavam agrupadas de quatro em quatro. Depois de muitas brincadeiras com pecinhas de montar, a professora trouxe uma televisão de tubo, um videocassete e apresentou um filme sobre formas geométricas. Em uma animação, linhas paralelas se juntavam formando um quadrado, afastavam-se para serem reagrupadas em um triângulo, um retângulo, um círculo. Cada forma ganhava uma cor. A atividade continuou e foi inevitável que nossa primeira impressão tivesse sido marcada por um julgamento. Troca de olhares, ou nem isso, mas o julgamento estava lá: que atividade meio sem sentido para a faixa etária...

Voltamos conversando sobre essas impressões e outras tantas: quantas crianças na turma, não?! Nossa!, como é exigente para a professora... Comentamos cada brincadeira gostosa que acompanhamos, a professora muito solícita, as crianças propondo jogos, curiosas com nossa presença. Estávamos, sobretudo, animadas.

Mas foi no dia seguinte, dia do nosso retorno à escola para conversar com as crianças individualmente, que a mágica aconteceu. Henrique, um dos garotos dessa turma, entrou em nossa sala para um momento lúdico. Massinha, panelinhas, carrinhos, papéis e canetas já estavam por ali, ao seu alcance. Em certo momento, ele anunciou que faria o desenho de sua professora e riscou duas figuras, uma maior – ela – e outra menor – ele. Em seguida, desenhou um parque de diversões: traçou uma linha horizontal, algumas linhas verticais paralelas entre si e disse: "Círculo, triângulo e quadrado".

Talvez você, que está lendo esta breve crônica de como nos tornamos amigas e chegamos a escrever um livro juntas, esteja pensando perplexo: mas linhas paralelas entre si não perfazem um quadrado, nem um triângulo, muito menos um círculo... Verdade. Você, assim como nós, ativou a capacidade de julgamento, tão importante, mas também tão frequentemente responsável por encerrar um assunto rápido demais. Pois, para nós duas, foi aí que a mágica se fez em *nós*, justamente transformando aquele julgamento inicial e apressado que decretava a inutilidade daquela dinâmica proposta pela professora, com um vídeo calejado que ia na contramão de todas as teorias construtivistas de que podíamos nos lembrar.

Quando Henrique retomou o que lhe havia sido ensinado na véspera, ele nos contou, para além do conteúdo, que estava de olho na educadora, atento à sua presença, ávido de recolher algo naquilo que ela dizia e fazia como professora de sua turma. Novamente nossos olhares se cruzaram e, não é exagero dizer, estavam brilhantes e quase marejados. É que ter a oportunidade de ver-se transformado não acontece todo dia... Guimarães Rosa (1994, pp. 24-25) traduz o que sentimos: "mire, veja: o mais importante e bonito, do mundo, é isto: que as pessoas não estão sempre iguais, ainda não foram terminadas – mas que elas vão sempre mudando".

A volta no fretado testemunhou nosso entusiasmo com a educação pública, com o universo da Educação Infantil, tão potente em reinventar o interesse pelo mundo, com a transmissão impossível de ser totalmente prevista que se dá na relação educativa, pois não há como antecipar como cada pessoa será afetada. A transmissão não se centra apenas nas propostas organizadas, mas, também, em seus interstícios. Muito mais do que o conteúdo, a professora transmitiu, para o pequeno Henrique, seu amor ao saber. De lá para cá, já escrevemos textos, almoçamos, preparamos e demos aulas juntas, tomamos muitos cafés, até que veio o convite para que essa empolgação toda com a prática educativa na primeira infância e com o processo de subjetivação e experimentação do mundo que ali acontece ganhasse a forma de um livro.

Os livros têm alma de viajantes, eles se lançam à aventura de serem lidos pelas mais diferentes perspectivas. Inscrever algo de si em um livro é uma peripécia daquelas que dá frio na barriga, como se estivéssemos no topo da montanha-russa, olhando para o caminho traçado adiante que nos permite imaginar a emoção – e daí o frio na barriga – que virá quando as páginas forem abertas por mãos e olhos que não são mais os nossos.

Nosso livro é feito desta matéria: pesquisa, estudo, percursos muitos diferentes de nós duas nas áreas da Educação Infantil, da psicanálise e das fronteiras que se criam e se esfumaçam quando o trabalho de escrita se inicia. Fomos trazendo as referências que tínhamos, que nos marcavam, que traduziam vivências impalpáveis em palavras. Por isso, além de alguns importantes aportes teóricos, navegamos pela literatura e pela poesia e apresentamos cenas de crianças recolhidas em nossas andanças, de modo a trazer suas vozes para um livro que trata também delas e busca estabelecer uma conversa especialmente com professoras e professores da Educação Infantil.

Agora, tudo começa de novo. Não a amizade, pois esta tem gosto de cafezinho universitário, mas nossa jornada, vivida durante a pandemia de Covid-19, que é reinventada no *tec-tec* de um teclado, nos sorrisos eternizados na tela graças à oscilação da internet e no encontro com você, que chegou para fazer, dessa escrita, um reinício.

Sejam todos bem-vindos a bordo! Venham conhecer esse mundo! No primeiro capítulo apresentamos o sentido de escola, tratamos das infâncias e das crianças, da necessária atenção ao mundo e da noção de experiência, esses fios que tecem nossa vida. Tal noção tem estado em foco no discurso educativo, como nos campos de experiências da Base Nacional Comum Curricular da Educação Infantil (BRASIL, 2018). Entretanto, de que falamos quando propomos a experiência como dimensão da educação? Esse debate é nosso ponto de partida.

No segundo capítulo buscamos nos aproximar do processo de acolhimento de um bebê no mundo construído e partilhado pelos humanos; falamos da constituição subjetiva e, para tanto, lançamos mão da discussão realizada por psicanalistas acerca do tema. As subjetividades comparecem permanentemente nas teias das interações que se estabelecem na vida – na escola também. Frequentemente essa perspectiva é abordada na formação de professores como sendo equivalente a estudar o desenvolvimento infantil, proposta que visa acessar as regularidades esperadas, tomando por parâmetro fases preestabelecidas. Nosso convite, neste livro, é o de olhar para essa dinâmica por outro ângulo: falar do bebê na relação com seu entorno – a família, a escola, a atenção que lhe é dirigida –, pois é nesse contexto que as diversas vivências serão apreendidas, de modo a oferecer as bases para sua constituição como sujeito que experiencia o mundo.

No terceiro capítulo abordamos o brincar como a experiência subjetiva das crianças. A discussão precedente sobre experiência e sobre subjetividade é retomada por meio dessa ação humana tão precoce: o brincar. O faz de conta, essa exuberância imaginativa que permite às crianças narrarem mundos, é abordado como expressão máxima do brincar simbólico. Mas, antes desse tempo, o bebê se inicia nessa linguagem por meio de jogos marcados por uma troca prazerosa com o adulto, nos quais é posta em marcha uma investigação dos limites, das diferenças, das impermanências do mundo e das relações humanas.

No quarto capítulo retomamos as ideias tecidas nos capítulos anteriores, tratando do papel da escola. Como a escola pode acolher as subjetividades, promover encontros e se efetivar como campo de experiências para todos que dela participam? Instigadas pelo percurso realizado, nos debruçamos sobre a escola e o fazer educativo, buscando precisar a função do educador na Educação Infantil. Precisar é uma dessas palavras que brincam com sentidos escondidos: precisamos do professor para animar a função educativa e almejamos, em nossa escrita, precisar o que esse encontro – proporcionado pela escola e por aqueles que a materializam – pode e deve oportunizar aos pequeninos. Estes que chegam ao mundo feito e pensado na relação com a tradição, que carrega contradições, imprecisões e paradoxos – fendas nas quais os sentidos podem ser disputados, reiterados e inventados.

Jogar com palavras é uma das formas de desvelar que o que aparenta ser objetivo, óbvio, natural, é produzido nos (des)caminhos humanos, nos (des)encontros educativos e se (des)dobra em cada um de nós. Convidamos vocês a se aventurarem na partilha de sentidos que se abrem à leitura deste livro.

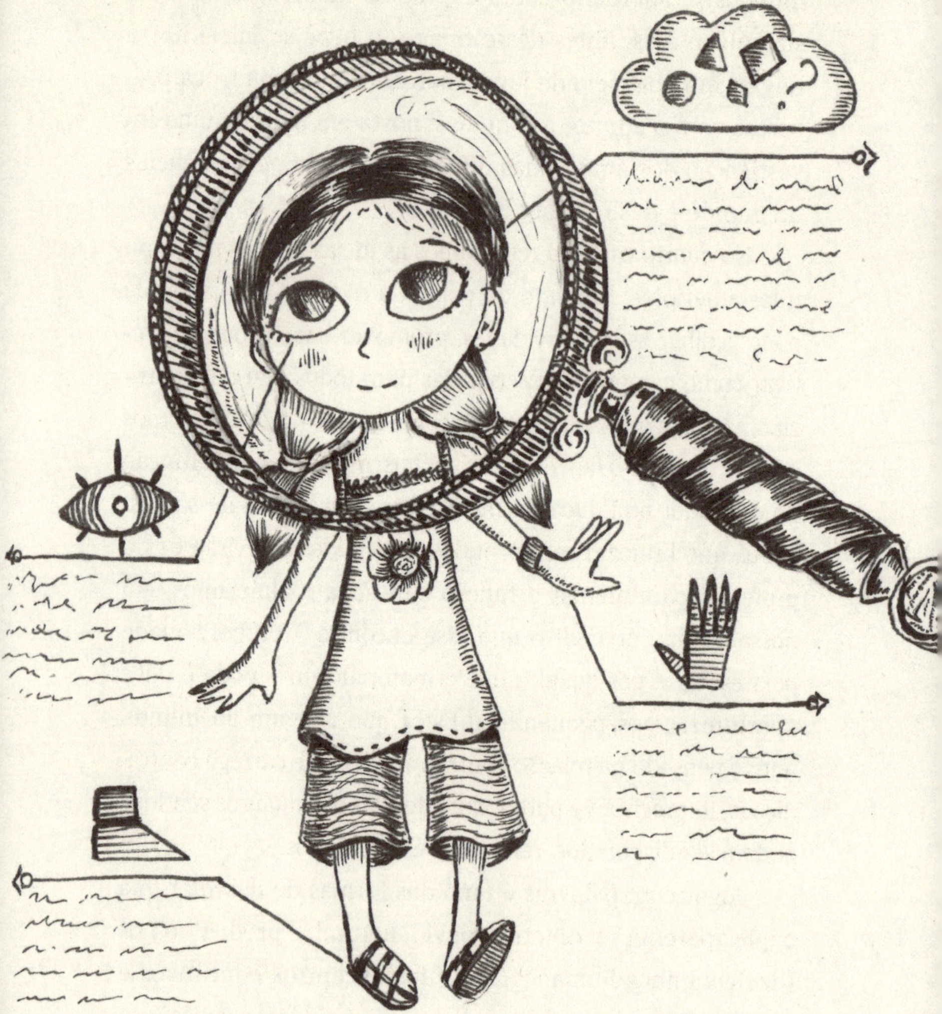

AS CRIANÇAS CHEGAM À ESCOLA

> *Na roda do mundo*
> *lá vai o menino.*
>
> Thiago de Mello (2017, pp. 97-99)

Chega um dia em que aquele bebê vem para a escola. Ele é trazido no colo, caminha de mãos dadas ou vem correndo à frente de passos adultos. É uma cena cotidiana, pode parecer que pouca coisa está acontecendo ali, afinal é apenas um pai ou uma mãe levando o filho ou a filha para a escola. Mas podemos olhar esse acontecimento mais de perto, como um adulto que se agacha e, mesmo que em posição incômoda, tenta ver o mundo da perspectiva da criança pequena.

Vamos desenhar tal cena. Por alguns minutos, fechamos os olhos e nos esforçamos para nos colocar no corpinho pequeno que surge ali. Pode ser que a criança esteja sonolenta, o mundo embaçado de sono, mas, uma vez entregue aos braços daquele adulto que sempre sabe para onde levá-la, tudo fica muito bem. Pode ser uma criança curiosa que a cada passo faça uma paradinha para olhar de perto uma fissura no chão, o brilho chamativo em um sapato, ou fazer amizade com algum ser vivo minúsculo. Existem ainda os ressabiados, que chegam com o nariz escorrendo e os olhos feito água de cachoeira em dia de chuva. São muitos os jeitos, infinitos até! Mas o convite que nós, adultos da escola, fazemos é o mesmo: venha conhecer o mundo! Esse convite brinda as crianças com a chance de explorar, interpretar e até mesmo criar mundos.

Caetano Veloso (1991) cantou para seu filho que nascia: "Venha conhecer a vida". E repetia, em sua música de boas-vindas: "Eu digo que ela é gostosa/ Tem o sol e tem a lua/ Tem o medo e tem a rosa". Sim, a existência é cheia de acontecimentos. Nem saberíamos falar da vida sem citar o que nela se passa. Viver é estar no mundo, experimentá-lo, experienciá-lo.

Hannah Arendt (2007, p. 247), filósofa judia radicada nos Estados Unidos, escreveu que "a educação é o ponto em que decidimos se amamos o mundo o bastante para assumirmos a responsabilidade por ele". Para ela, são os adultos que devem assumir a responsabilidade pelo mundo, responsabilidade humana de apresentá-lo aos recém-chegados, para que eles o habitem e possam dar suas contribuições. Os psicanalistas também partilham de uma ideia semelhante: o ser que nasce se torna um pequeno humano quando acolhido por outros, que estavam por aqui antes dele. Esse acolhimento é um gesto que insere a criança na cultura, ensina a ela nossas tradições, palavras, valores... Trocando em miúdos, é um gesto humanizador, um gesto educativo. Como no texto "A função da arte/1" do escritor uruguaio Eduardo Galeano, no qual ele conta que Santiago Kovadloff levou Diego, seu filho, para conhecer o mar.

Diante de sua imensidão e emudecido com tamanha beleza, o menino, gaguejando, pede: "Me ajuda a olhar!" (GALEANO, 2020, p. 15). Um apelo ao adulto para que legitime o acontecimento que testemunham juntos. O mesmo se passa quando as crianças, fitando seu retrato ou sua imagem no espelho, buscam uma confirmação, dizendo: "Olha eu!".

O bebezinho, que chegou ao mundo e foi acolhido por outros humanos com seus afetos, contradições e anseios, é trazido para a escola. E, nesse espaço, outros adultos vão assumir a responsabilidade pelo gesto educativo, um gesto de amor ao mundo, pois possibilita que ele – o mundo – permaneça e seja reinventado. Sim, para Hannah Arendt educar é possibilitar ao mesmo tempo estas duas coisas: conservar o legado dos antepassados e possibilitar que algo novo surja, de modo que o mundo humano é feito de movimentos e constâncias a um só tempo – parece contraditório, mas pensemos nisso. Uma casa aparenta ser sólida, permanente, mas a cada dia muitas coisas se passam com ela. Tomemos apenas suas paredes: elas se movem, se assentam, mesmo que não o percebamos, e, então, uma rachadura revela que aquilo que consideramos imóvel na verdade é movente.

O mundo é nossa morada: é permanente e está em eterno movimento. Movimento também provocado pela chegada de novos humanos que o habitam. Este livro pretende tratar desse ato humano por excelência: educar. Um ato que se dá em certo contexto – no nosso caso, o da Educação Infantil –, do qual participam professores, funcionários em geral, gestores e toda uma comunidade que circula pelo território escolar, fazendo com que a escola seja lugar de criança e tempo de educar.

Escola: *scholé*

Os pesquisadores que coordenam o Laboratório para a Educação e Sociedade da Universidade de Louvain, na Bélgica, Jan Masschelein e Maarten Simons (2019), explicam que, desde seus primórdios na Grécia Antiga, a escola é o tempo e o espaço que a sociedade oferece para se renovar. O jornalista Hélio Schwartsman assim descreveu a entrada de seus filhos na escola:

> Ian e David, meus filhos gêmeos de um ano e dois meses, começaram sua vida acadêmica. Desde a semana passada eles estão na escola, não um simples berçário ou um hotelzinho, mas uma escola mesmo, na qual o etimologista vai identificar o termo grego *"scholé"*, que significa primariamente "ócio", "tempo livre", mas também "estudo", "aula" e, finalmente, "escola". (SCHWARTSMAN, 2003, n.p.)

Escola é lugar de tempo livre, desde sua invenção – tempo para o estudo, o jogo, o exercício; tempo para cultivar a si e aos outros, para cuidar de si, portanto, cuidar das relações de cada qual consigo próprio, com os outros e com o mundo. Tempo livre que só pode ser vivido na escola: tempo não atrelado à produtividade e ao consumo, que se tornaram o cerne da sociedade capitalista em que vivemos.

Em latim, tempo livre é *otium*, origem de ócio. Ócio entendido como valor positivo, tempo que uma pessoa gasta em seu próprio interesse. Etimologicamente, negócio significa a negação do ócio (neg – ócio). Portanto, negócio é a negação da escola! A escola grega da Antiguidade estabeleceu um tempo e um espaço separado do tempo e do espaço tanto da sociedade (em grego: *pólis*) quanto da família (em grego: *oikos*) (MASSCHELEIN e SIMONS, 2019).

É na escola que as crianças pequenas encontram outras maneiras de ser e estar no mundo, para além do que vivem em suas casas – na escola, elas não são filhas, sobrinhas ou netas, elas são alunas e, desse ponto de vista, são todas semelhantes. Na escola, todas elas têm o mesmo status, transcendendo a ordem social. Masschelein e Simons (2019, p. 19) comentam que a expressão "a escola não é um negócio" manifesta "a responsabilidade – mesmo o amor – pela geração de jovens como uma *nova* geração", pois as crianças só poderão renovar o mundo se o conhecerem.

A escola é o primeiro espaço público a que as crianças têm acesso – espaço de convívio coletivo, lugar de circulação social da infância. Podemos dizer que a escola é o lugar da infância na sociedade contemporânea: todas as crianças ali estão. Ela é "o espaço criado para transmitir a cultura humana, o saber acumulado e destinado a formar as crianças dentro de certa tradição" (FONSECA, 2019, p. 27). Acompanhemos Hélio Schwartsman expressando seu pensamento de pai:

> Voltando aos gêmeos, eles iniciam agora sua aventura pelo mundo da cultura. Vão passar (*espero*) os próximos vinte e tantos anos dedicando seu tempo (*sua "scholé"*) a si mesmos, à sua formação intelectual. (SCHWARTSMAN, 2003, n.p.)

Na escola, as crianças são convidadas a descortinar novos horizontes e viver encontros com outros parceiros. A experiência da alteridade está no coração da constituição humana: chegar ao mundo e tornar-se humano passa pelo olhar, pelo toque e pela palavra de um cuidador familiar. Eduardo Galeano, em "O direito ao delírio" (2011), escreve sobre o pássaro que canta sem ter consciência disso. Quem diz que um pássaro canta? Essa afirmação sobre a presença sonora é sempre feita por aqueles que a escutam, e não pelo próprio pássaro. Ou seja, é ao encontrar o ouvido de um humano que o som emitido pelo pássaro ganha valor de canto.

Nas palavras de Galeano (2011, p. 305): "Assim como canta o pássaro sem saber que canta, e como brinca a criança sem saber que brinca". Assim como o canto do pássaro, a presença do bebê ganhará valor ao ser interpretada, falada, reconhecida por outros humanos. O brincar da criança só é apreendido enquanto tal pelo adulto que assim o nomeia – brincar não é natural, mas um sentido humano compartilhado: quando os bebês estão explorando algo, é comum indagarmos: "Do que você está brincando?".

O termo alteridade designa nossa dependência do outro no reconhecimento de que existimos – segundo o Dicionário Aulete, alteridade é "a qualidade ou natureza do que é o outro, diferente"[2]. Por isso, podemos afirmar que sempre existimos primeiro para aqueles adultos que estavam no mundo antes da nossa chegada e que é nessa relação de dependência que o sentimento de si como um todo coeso – que chamamos de *eu* – será construído.

Com a chegada da criança à escola, a experiência da alteridade se dá em um cenário diversificado, em que os

---

2 Disponível em:<https://www.aulete.com.br/alteridade>. Acesso em: 5 ago. 2021.

encontros com os outros se multiplicam, introduzindo-a em uma comunidade. O mandato social atribuído à escola faz com que ali se crie um chão comum, que inclui regras, as quais veiculam o pacto civilizatório. O ser humano precisa de outros humanos para sobreviver, pois sozinho ele sucumbe. Para viver em sociedade é necessário um combinado entre todos os participantes: cada qual renuncia a algumas coisas, desde que os outros assim também o façam. Todos os membros se submetem às regras, à lei, o que possibilita a convivência civilizada, o pacto civilizatório.

Infâncias... crianças...

Na escola, os adultos se deparam com a alteridade da infância. Apesar de todos nós termos sido crianças, é apenas ao nos tornarmos adultos que criamos a noção de infância, um tempo ao qual é impossível retornar e sobre o qual passamos a formular ideias e teorias abstratas. Mario Quintana declara:

> eu venho há muito desconfiando de que a infância é uma invenção do adulto. E o passado, uma invenção do presente. Por isso é tão bonito sempre, ainda quando foi uma lástima... A memória vai tudo colorindo. (QUINTANA, 2006, p. 277)

Os adultos são "estrangeiros da infância", como diz o psicanalista Rinaldo Voltolini (2011, p. 42). O escritor Bartolomeu Campos de Queirós (2004, p. 5) constata que "o tempo amarrota a lembrança e subverte a ordem". Aquilo que um dia foi próximo e familiar torna-se nebuloso, desconhecido. Na palavra desconhecido, o prefixo *des-* traz a ideia de negação ou reversão: o que um dia foi conhecido deixou de sê-lo. Já para as crianças, a infância não existe, é tempo vivido, plural. Assim, vemos que a posição do adulto é radicalmente diferente daquela da criança, como afirma o filósofo e educador espanhol Jorge Larrosa (2010, p. 183): "As crianças são seres estranhos dos quais nada se sabe, esses seres selvagens que não entendem nossa língua".

O termo infância deriva do latim *infans*, baseado no verbo *for*, e significa aquele que não fala, mas também aquele que não tem voz no espaço público. Em latim, existem diversos verbos que designam a ideia de falar. Entre eles *for*, verbo relacionado a falar ou expressar-se em público, ou, de outra forma, expressar-se de maneira que os outros o entendam, o que claramente indica uma intensa atuação entre aquele que fala e aqueles que o ouvem. É na infância que nasce a voz como possibilidade de enunciação.

Foram muitas as teorias produzidas com o intuito de explicar a infância, que buscavam preencher o hiato existente entre o que o adulto apreende e o que as crianças vivem. Por isso, Larrosa (2010) ressalta a importância de não reduzirmos as crianças ao que as ciências elucidam a seu respeito – a sociologia, a psicologia ou a pedagogia, por exemplo –, pois nenhuma delas aborda a complexidade das infâncias, uma vez que são ciências da unidade: abordam a criança, o ser humano como abstrações genéricas. Se isso bastasse, os adultos não se sentiriam tão inseguros diante do não saber que as crianças provocam. Algo escapa à tentativa de redução delas a um percurso previsível ou a um modo de interpretação, seja ele qual for.

Há algo de próprio, de singular e inédito em cada ser humano, que não pode ser capturado e que se faz presente sempre que o encontro acontece e nos inquieta. A infância não é uma etapa de preparação para a vida adulta, um estado de falta e imaturidade, mas é a vida mesma das crianças. Mais do que uma etapa de desenvolvimento da vida considerada em uma perspectiva cronológica, ela é uma condição humana, uma maneira peculiar de ser e estar no mundo. Da mesma maneira que não existe apenas a criança, mas muitas crianças singulares, não existe a infância, mas infâncias diversas, cada qual com uma realidade concreta e própria.

Todo o conhecimento produzido acerca da infância não consegue capturar a singularidade de cada criança: seus modos próprios de estar no mundo. Modos de ser inesperados, imprevisíveis, inalcançáveis. Não é possível antecipar o que é ou o que será uma criança. Podemos ver o nascimento de um novo ser humano como uma inauguração, algo novo que chega ao mundo e que não sabemos o que é. Riobaldo, em *Grande sertão: veredas*, ao ajudar uma mulher a dar à luz, diz: "Minha Senhora Dona: um menino nasceu – o mundo tornou a começar!..." (ROSA, 1994, p. 668).

Atenção ao mundo

Venha conhecer o mundo! É o convite que fazemos às crianças quando chegam à escola. Como concretizamos esse convite? O professor as convoca para o exercício de atenção ao mundo – aventurar-se em um universo desconhecido e instigante, que pode causar espanto às crianças e aos adultos. A escola descortina novos horizontes, e tudo o que ela apresenta torna-se um bem comum, pois pertence a todos. Assim, novas coisas passam a fazer parte do universo das crianças, despertando sua curiosidade, gerando seu *inter-esse*: aquilo que não é posse de cada um, mas é compartilhado entre todos – o mundo em si (MASSCHELEIN e SIMONS, 2019). É a abertura de um mundo fora de cada criança e o envolvimento de cada uma em um mundo compartilhado.

Exercitar a atenção ao mundo pede certa disciplina. Como em qualquer exercício – desses que realizamos ao caminhar ou aqueles de matemática, por exemplo – existe uma ação que precisa ser repetida algumas vezes para que a apropriação de algo ocorra, já que o conhecimento não é instantaneamente assimilável. Sabendo disso, os educadores foram aprimorando ao longo dos anos, e de muitas pesquisas, estratégias pedagógicas que possibilitassem a gestão cuidadosa do tempo, a elaboração de propostas desafiadoras e a construção de ambientes acolhedores. Em outras palavras: um espaço e um tempo que propiciem o exercício de atenção ao mundo.

Segundo a pesquisadora e professora Ecléa Bosi, para a filósofa francesa Simone Weil, a atenção seria "uma forma alta de generosidade", no sentido do desprendimento de si, uma qualidade de doação. A atenção, então, seria

> o método para compreender os fenômenos [...]: não tentar interpretá-los mas olhá-los até que jorre a luz. Em geral, método de exercer a inteligência que consiste em olhar. [...] A condição é que a atenção seja um olhar e não um apego. (BOSI, 2003, p. 12)

Nesse sentido, a atenção implica uma "liberdade do objeto", um desapego de concepções prévias. Para exercê-la é necessário aguçarmos nossos sentidos e embarcar por meio do olhar e da escuta no que é "secreto, silencioso, quase invisível". Um olhar perseverante, despojado e ativo, que convoca todos os sentidos para a observação. Um olhar atento que necessita de tempo, o tempo da contemplação; um olhar desapegado de maneiras prontas de olhar e interpretar, que comporta o estranhamento diante do observado, que permite admirar as transformações. Um olhar que exige esforço, foco.

O filósofo coreano radicado na Alemanha Byung-Chul Han (2017) explica que a cultura necessita de um ambiente que permita uma atenção profunda e contemplativa, em contraposição à atenção rasa que vivemos hoje, marcada por rápidas mudanças de foco que acompanham uma variedade de atividades e informações, em um afã interminável. A palavra contemplar deriva do latim *contemplari*, que significa olhar atentamente um espaço delimitado. É composta de *cum* – companhia – e *templum* – templo. Na Roma Antiga, os adivinhos, que liam os presságios para o futuro, abriam clareiras, espaços consagrados de onde escutavam os deuses. Assim, podemos pensar a contemplação como a abertura de espaços e tempos para a luz e o sagrado do humano.

Han destaca que habitamos a sociedade do cansaço, na qual o homem se transformou em uma máquina de desempenho, rendido que está ao fazer ininterrupto, à atividade permanente que ele caracteriza como hiperatividade: "uma forma extremamente passiva de fazer, que não admite mais nenhuma ação livre" (HAN, 2017, p. 58). Se pararmos para pensar no nosso cotidiano, rapidamente nos identificaremos com isso. Desde que acordamos, somos engolidos em um turbilhão de afazeres. No final do dia, o que nos resta? Uma lista de tarefas cumpridas. Mas o que se passou conosco? Além da *checklist*, o que temos a compartilhar? Pudemos encontrar, no meio do ordinário da vida, algo extraordinário? Pudemos viver uma experiência?

A sociedade do cansaço não valoriza o tédio ou o ócio, momentos que não têm utilidade e que são fundamentais para os processos criativos, para a vida. Walter Benjamin (2012a, p. 221) nomeia tal tédio como "o pássaro onírico, que choca o ovo da experiência". Para chocar a experiência, é necessário tempo e contemplação. A contemplação está relacionada a um olhar atento, demorado e lento, ao gesto de interrupção proposto por Larrosa, como veremos adiante. Ao contrário do que pode parecer, a contemplação é ativa, pois oferece resistência aos estímulos externos e o sujeito dirige a atenção para o que lhe interessa: apenas ao "parar interiormente, o sujeito da ação pode dimensionar todo o espaço de contingência que escapa a uma mera atividade" (HAN, 2017, p. 53). Han enfatiza que "a vida contemplativa é que torna o homem naquilo que ele deve ser" (HAN, 2017, pp. 49-50).

O professor italiano Nuccio Ordine (2016, p. 9), em seu manifesto "A utilidade do inútil", faz uma distinção entre o útil, visto pela sociedade atual como aquilo que tem um fim utilitarista, e o que ele mesmo pensa a respeito: "considero como útil tudo o que nos ajuda a nos tornarmos melhores". Para ele, "precisamos do inútil como precisamos das funções vitais essenciais para viver" (ORDINE, 2016, p. 19). Adiante, ele sublinha:

> É nas dobras daquelas atividades consideradas supérfluas que, de fato, podemos encontrar o estímulo para pensar um mundo melhor para cultivar a utopia de poder atenuar, se não eliminar, as injustiças que se propagam e as desigualdades que pesam (ou deveriam pesar) como uma pedra em nossa consciência. (ORDINE, 2016, p. 19)

Podemos pensar que, além de tempo e de contemplação, para vivermos experiências precisamos nadar contra a corrente que nos arrasta para as atividades utilitárias, para o que chamamos de trabalho e tarefas, e que nos mergulham em um fazer contínuo que amortece nossos sentidos, nosso pensar, e naturaliza a pressa, despojando-nos, de alguma maneira, do que nos faz humanos. Não pautar a vida pela utilidade do conhecimento em nossa época é transgredir o que diz a sociedade: é flertar com o ócio, o tédio, o inútil – todos ligados ao imprevisível, ao criativo, ao imponderável. Se entendemos que a educação é tempo livre, tempo de conhecer o mundo, tempo de formação, então a educação está intimamente ligada às experiências. E nós, enquanto educadores, precisamos cultivá-las em nós e permitir que as crianças as vivam.

A vida se tece com os fios das experiências

Sem dúvida, todo o preparo do professor e da instituição educativa promove um ambiente seguro para que tanto crianças como adultos se encantem com a descoberta e a recriação do mundo. Descobrir ou recriar são formas de tentar abordar a dimensão do espanto que não pode ser suprimida do cotidiano escolar, se quisermos educar crianças curiosas e investigadoras. Por que frisamos isso? É que a vivência acumulada, seja aquela da trajetória própria do professor ou mesmo da instituição escolar, pode, às vezes, fazer com que fique parecendo que já sabemos tudo de antemão e, dessa forma, em vez de considerar que a escola é um lugar onde as crianças – e os adultos – recriam o mundo, passam a querer apresentá-lo de uma maneira instrucional. Acreditar que conhecemos integralmente o mundo para apresentá-lo às crianças nos afasta da intensidade que produz o movimento do afetar. É exatamente quando somos afetados pelos acontecimentos que ocorrem no dia a dia com as crianças que a experiência acontece: a nossa e a das crianças.

Voltemos àquela cena do início em que imaginamos algumas possibilidades de chegada à escola. Pode ser que o professor olhe para a criança que vem sonolenta e diga a si mesmo: "Ah! mais um manhoso para a turma"; que aviste o bebê absorto pelos achados do caminho e pense: "Como ele é disperso"; ou ainda que receba o bebê choroso e se apresse em colocar um lencinho no nariz do pequeno para limpar aquela meleca toda.

Nesse novo cenário houve justamente a supressão da descoberta, como se tirássemos do mundo a possibilidade da poesia: uma pedrinha é só uma pedrinha e pronto. Carlos Drummond de Andrade (1978, p. 186) poetizou: "No meio do caminho tinha uma pedra/ Tinha uma pedra no meio do caminho", e esse acontecimento ficou eternizado em seus versos. Mesmo as retinas mais fatigadas – como diz o poema – podem se dedicar ao encontro com uma pedra no meio do caminho. Se o mundo está óbvio demais para o adulto, ele é todo um enigma para as crianças – e para os poetas, como bem expõe Manoel de Barros (2003, p. XIV): "assim, as pedrinhas do nosso quintal são sempre maiores do que as outras pedras do mundo. Justo pelo motivo da intimidade". Quando o adulto se deixa contagiar por isso, o trabalho educativo poderá ser espaço e tempo de se deslumbrar, de encontrar o extraordinário no ordinário do cotidiano, de entrever as frestas que possibilitam deslocamentos, experiências.

É aqui que a discussão sobre a noção de experiência se apresenta como fundamental. Larrosa (2010), autor ao qual vamos recorrer com alguma frequência, se dedicou ao tema. A palavra experiência deriva do latim *experientia*, formada por *ex* (fora), *peri* (provar, experimentar) e *entia* (conhecer, aprender). Larrosa (2016, pp. 26-27) destrincha a etimologia do termo e explica que "a experiência é em primeiro lugar um encontro ou uma relação com algo que se experimenta, que se prova".

Segundo o autor, *periculum*, perigo, deriva do mesmo radical: *periri*. A raiz indo-europeia é *per*, cuja primeira acepção se relaciona com travessia e, de maneira secundária, com prova. Há inúmeras palavras gregas derivadas de *per* que indicam a travessia, o percorrido, a passagem. Entre elas o termo pirata, personagem que se aventura no desconhecido aproveitando as oportunidades e os imprevistos que habitam as travessias. Esse personagem guarda similitude com o sujeito da experiência, uma vez que se expõe aos acontecimentos, sem saber a que lugar chegará.

Em seu exercício de debruçar-se sobre a palavra experiência, Larrosa acessa o que ela permite pensar, dizer e fazer no campo pedagógico. Para tanto, precisou demarcar algumas diferenças, ou seja, para dizer seu entendimento sobre essa palavra, teve que pontuar tudo aquilo que não fazia parte dela.

O primeiro cuidado que temos ao falar de experiência é distingui-la do experimento: o experimento busca as regularidades dos acontecimentos, tenta conhecer e prever suas possibilidades – relaciona-se aos instrumentos e aos números, à prática rigorosa de comprovações, portanto àquilo que pode ser repetido sempre do mesmo modo e que gera um conhecimento verificável e pretensamente neutro. O segundo cuidado é perceber que a autoridade de uma pessoa que acumulou muitas experiências não pode, nunca, ser imposta aos outros: o homem experimentado sabe da finitude e da relatividade de toda experiência.

Por fim, o terceiro cuidado diz respeito ao sujeito da experiência: ele é um sujeito disponível, pois precisa estar aberto para acolher aquilo que não sabe e perceber a própria fragilidade. Com esse zelo, Larrosa tenta lapidar a palavra para que ela não passe a significar e resolver tudo, correndo o risco de tornar-se vazia, como se bastasse escrever ou dizer "experiência educativa" para garantir que o trabalho é de excelência. Veja, tudo que ele nos ensina é que não há garantias...

Para Larrosa (2016, p. 28), é pela experiência que alguém se transforma, se constitui. Por isso ele escreve que "é experiência aquilo que 'nos passa', ou que nos toca, ou que nos acontece, e, ao nos passar, nos transforma". A experiência, portanto, é um ponto de chegada que nunca está assegurado de início. Eis o motivo de ele ser tão cauteloso ao discutir esse assunto, pois sabe que, na atualidade, temos pressa em compreender e definir os fenômenos para que possamos estabelecer objetivos a serem conquistados, com o intuito de aferir a melhoria e a qualidade do trabalho educativo, quando é próprio da experiência escapar desse e de qualquer roteiro. A experiência é avessa às certezas.

A experiência está profundamente relacionada ao tempo. Os gregos antigos usavam diferentes palavras para se referir a ele: *chrónos* e *kairós* são duas delas. *Chrónos* é a mais conhecida: tempo do relógio, sucessivo, consecutivo e irreversível – um *continuum* infinito e quantificado: não para e não volta atrás. É o tempo da pressa – como o vivido pelo Coelho Branco nas *Aventuras de Alice no País das Maravilhas* (CARROLL, 2009), sempre alardeando estar atrasado, consultando constantemente seu relógio de bolso. Tempo que responde às palavras de ordem da modernidade – produza mais, é urgente, tempo é dinheiro – e que nos convoca a um permanente "tarefismo", a uma atividade sem fim. O tempo passa a ser visto como mercadoria.

Nós, professores, bem conhecemos a avalanche de demandas que nos sobrecarregam e que são sempre para ontem – um excesso de atividades que nos soterram. Para além das burocracias, os momentos de planejamento, registro e avaliação são, sim, fundamentais para uma prática educativa pensada, que nos libere para investigar e criar, desde que não nos desviem do que é mais importante: nossa atenção às crianças no cotidiano.

O trabalho educativo pode ser comparado à figura do artesão, aquele que deixa seu toque impresso na obra que cria – como "a mão do oleiro na argila do vaso" (BENJAMIN, 2012a, p. 221). Parece que o fluxo contínuo das exigências do tempo nos convoca à técnica industrial: de artesãos passamos a operadores de máquinas – máquinas que não se cansam e fazem algo sempre da mesma maneira. "Era da reprodutibilidade técnica" foi o nome atribuído pelo filósofo judeu nascido na Alemanha Walter Benjamin (2012b, p. 179) a esse processo no qual a "aura" da obra de arte definha.

Ou seja, desde a modernidade nossa percepção do tempo vem se acelerando e a forma de produção de objetos e saberes acompanha esse ritmo, fazendo com que o aperfeiçoamento da técnica e a capacidade de replicar modos de fazer e pensar sejam valorizados em detrimento da tradição e do artesanal. Nesse contexto, é preciso abrir clareiras para respirar e pensar – "dar sentido ao que somos e ao que nos acontece" (LARROSA, 2016, p. 17) – no que fazemos e por que o fazemos, para que não nos tornemos apenas fazedores: quando as ações não deixam vestígios em nós, nada ocorre que altere nossa subjetividade. O conhecimento – nosso e das crianças – precisa de tempo para acontecer.

Larrosa dialoga com essas ideias quando escreve:

> A experiência, a possibilidade de que algo nos aconteça ou nos toque, requer um gesto de interrupção, um gesto que é quase impossível nos tempos que correm: requer parar para pensar, parar para olhar, parar para escutar, pensar mais devagar, olhar mais devagar, e escutar mais devagar; parar para sentir, sentir mais devagar, demorar-se nos detalhes, suspender a opinião, suspender o juízo, suspender a vontade, suspender o automatismo da ação, cultivar

> a atenção e a delicadeza, abrir os olhos e os ouvidos, falar sobre o que nos acontece, aprender a lentidão, escutar os outros, cultivar a arte do encontro, calar muito, ter paciência e dar-se tempo e espaço. (LARROSA, 2016, p. 25)

Essa definição traz a necessidade do gesto de interrupção do entendimento de tempo que se impõe em nosso cotidiano. Sim, ele é cronológico, linear, sucessivo e pode sofrer aceleração respondendo às demandas da sociedade, mas ele não é só isso.

Outra possibilidade de compreensão do tempo oriunda da tradição grega é *kairós*, que significa ocasião, momento oportuno, circunstância favorável. *Kairós* pode ser entendido como "a coincidência imprevista na qual a decisão colhe a ocasião e realiza, no átimo, a própria vida" (AGAMBEN, 2005, p. 124). É a última camada que reveste cada instante da vida, que suspende e interrompe *chrónos* – é a clareira onde podemos respirar e pensar, a vida que acolhe as surpresas, o imprevisto do cotidiano, o que não pode ser controlado.

Essa imagem da clareira onde se pode (res)pirar, pensar e ser surpreendido pelo imprevisto nos leva a outra cena das *Aventuras de Alice no País das Maravilhas*, aquela em que a menina se depara com a Lebre de Março, o Caxinguelê e o Chapeleiro Maluco tomando chá sob a sombra de uma árvore. Após Alice tentar solucionar um enigma proposto pelo Chapeleiro – do qual o próprio não sabia a solução –, entediada, diz: "acho que vocês poderiam fazer alguma coisa melhor com o tempo [...] do que gastá-lo com adivinhações que não têm resposta." (CARROLL, 2009, p. 84).

Essa cena precipita uma conversa muito maluca – pelo menos, para nós e Alice – sobre o tempo, uma vez que o Chapeleiro tira um relógio de bolso que marca os dias, mas não as horas. O Chapeleiro explica que, se Alice vivesse "em boa paz" com o tempo,

> ele faria praticamente tudo que você quisesse com o relógio. Por exemplo, suponha que fossem nove horas da manhã, hora de estudar as lições; bastaria um cochicho para o Tempo, e o relógio giraria num piscar de olhos! (CARROLL, 2009, p. 85)

O Chapeleiro dá a entender que o tempo tem outros sentidos que não apenas o das horas, minutos e segundos. Todos nós já fizemos uso de expressões como "hoje o dia passou voando" ou "foram os minutos mais longos da minha vida"; elas são formas de tentarmos acessar essa característica do tempo que não se reduz à sucessão cronológica medida pelo relógio. É desse tempo que precisamos para conhecer as crianças, para entender seu olhar sonolento, sua curiosidade aguçada ou sua tristeza na separação.

Precisamos de *kairós* para que a atenção ao mundo possa acontecer, que as investigações tenham lugar, que os acontecimentos e os encontros possam suceder. A vida, ela mesma, se tece no encontro de *chrónos* e *kairós*. Sem *kairós*, sem os gestos de interrupção que permitem à experiência ter lugar, corremos o risco de o "futuro se encurtar numa atualidade prolongada" (HAN, 2017, p. 54), presos que ficamos em um permanente fazer.

Por isso Larrosa escreve sobre a importância de dar-se tempo e espaço para que as experiências possam ser vividas e narradas. Não precisamos ficar restritos a realizar as tarefas no tempo e no espaço que nos foram dados; podemos acolher imprevistos e com eles inventar momentos não determinados pelas demandas e planejamentos, mas suscitados pelos encontros e acontecimentos.

Trocando em miúdos, que exista um horário dedicado ao parque na rotina diária da escola não é suficiente para abarcar os acontecimentos que se darão ali. As crianças podem se deparar com uma formiga carregando uma folha com o dobro do seu tamanho, o que pode produzir uma inflexão na vivência do tempo: naqueles instantes de observação talvez exista conversa, piada, deslumbramento; talvez as crianças e o professor sejam afetados, vivam uma experiência. Nenhum planejamento dá conta de garantir isso, ainda que ele tenha como objetivo promover ocasiões oportunas para que algo aconteça. Larrosa aborda isso belamente:

> a experiência não é o caminho até o objetivo previsto, até uma meta que se conhece de antemão, mas é uma abertura para o desconhecido, para o que não se pode antecipar nem "pré-ver" nem "pré-dizer". (LARROSA, 2016, p. 34)

A discussão a respeito da experiência ganhou novos contornos com a publicação da Base Nacional Comum Curricular – BNCC (BRASIL, 2018) –, que se organiza em campos de experiências e coloca as crianças como centro do processo educativo. Uma vez que o documento não explicita o que ali se entende por experiência, abre-se a possibilidade de diversas interpretações em torno dessa noção. Neste livro, assumimos experiência segundo a perspectiva de Larrosa.

Pensemos em um dia comum em uma escola de Educação Infantil: as crianças chegaram, participaram de uma roda de conversa cujo tema a professora propôs, fizeram alguma atividade gráfica, brincaram com peças de montar, lancharam, foram ao parque, voltaram para a sala, ouviram uma história e foram embora. As crianças vivenciaram as propostas, todas juntas, no tempo cronológico; ainda assim, será que algum lampejo iluminou a opacidade do cotidiano, mostrando a poesia do mundo? Vivemos muitas coisas ao longo de um dia, mas quantas delas nos afetam?

Imaginemos que durante a roda uma aluna conte a novidade de que está com o dente mole, mobilizando outras a falarem sobre isso, e a conversa tome um rumo inesperado com algumas mostrando a "janelinha" em seus sorrisos. Em meio à excitação de falas e mãos levantadas, a menina comenta que estava correndo, brincando com uma amiga, quando o dente dela bateu na testa da amiga e a testa da amiga bateu no dente dela – algo especial aconteceu no encontro da cabeça com o dente.

Ao sustentar a partilha das crianças, a professora abre uma clareira oferecendo tempo e espaço para que a conversa floresça. Essa é uma qualidade da experiência: ela é compartilhada, acontece na relação de quem fala com aquele que escuta; de quem se expressa com aquele que testemunha o acontecimento. Uma vez nessa zona de indeterminação, algo da experiência tem lugar.

As crianças são atravessadas pelos acontecimentos da vida, são sensíveis aos despropósitos, são sujeitos da experiência. Nós, adultos, também somos sujeitos da experiência; entretanto, no nosso caso, pode haver a necessidade de uma ação a mais, de modo a nos despirmos do que já sabemos sobre as infâncias e, como no início do capítulo, nos agacharmos para conhecer as perspectivas das crianças, suas maneiras únicas de ser, abrindo-nos para o inesperado e o improvável. Como diz Larrosa,

> O sujeito da experiência é aquele que sabe enfrentar o outro enquanto que outro e está disposto a perder o pé e a se deixar tombar e arrastar por aquele que lhe vai ao encontro; o sujeito da experiência está disposto a se transformar numa direção desconhecida. (LARROSA, 2010, p. 197)

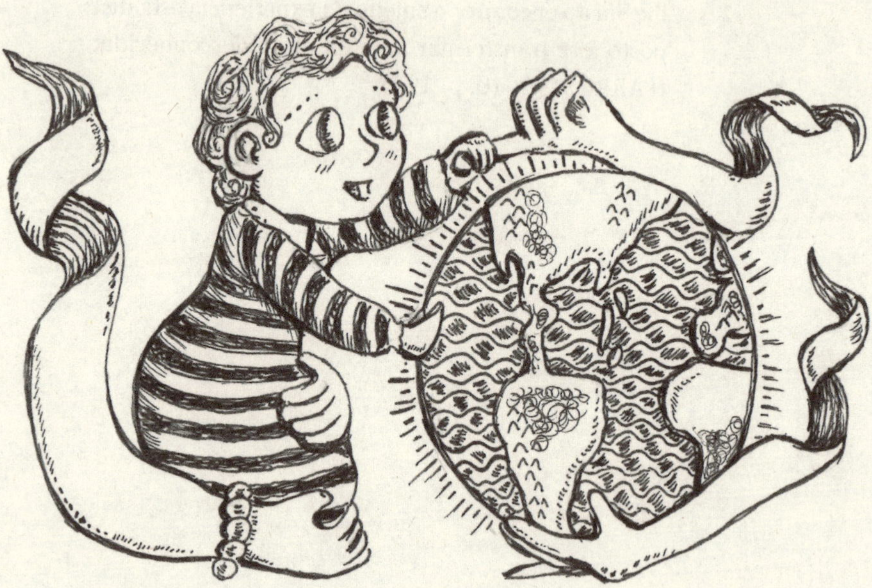

COMO OS BEBÊS SE TORNAM HUMANOS

> *Criança tem mãos pequenas, pés pequenos e orelhas pequenas. Às vezes, as ideias das crianças são muito grandes.*
>
> Beatrice Alemagna (2010, p. 8)

Em seu poema "Primeira infância", Adélia Prado (2015, p. 110) escreveu: "Era rosa, era malva, era leite/ As amigas de minha mãe vaticinando:/ Vai ser muito feliz, vai ser famosa". Desde antes do nascimento, toda criança é antecipada pela família, envolta no tecido da linguagem e inscrita em uma história. Muitas vezes, até mesmo antes da concepção já se pensa em como será o bebê; por isso, podemos dizer que, antes mesmo de nascer, o bebê existe no desejo dos pais. Com seu nascimento, inaugura-se uma nova geração na família: tios, avós, irmãos, e nascem também pais e mães – ou alguém que assume o papel de cuidador privilegiado e prestativo: um adulto com o qual o bebê estabelece uma relação ímpar.

Assim, o bebê encontra pessoas de seu entorno que nomeiam e dão sentido às vivências de um corpo recém-

-chegado ao mundo, introduzindo-o na linguagem, o que possibilita sua articulação no universo simbólico. Acerca disso, a psicanalista Graciela Crespin (2016, p. 25) sublinha que, para que essa articulação do bebê com o universo simbólico ocorra, é necessário que ele apresente uma "apetência simbólica e uma capacidade de entrar em contato", encontrando um adulto desejante.

Simbólico é um termo que faz referência às estruturas que condicionam as relações humanas; ele é estruturado e estruturante. Assim como a gramática de uma língua oferece um quadro de regras a partir do qual uma frase pode ser formulada, a ordem simbólica dispõe condições nas quais as interações humanas ganharão sentido. Talvez o exemplo mais evidente disso seja o das leis de parentesco que funcionam como uma ordem a partir da qual as relações humanas serão erigidas: ser avó ou padrinho não é algo natural, mas construído, tendo por referência um sistema estruturado e partilhado entre os humanos.

Por isso o nascimento de um ser humano não é reduzível ao fato biológico; ele também se inscreve na ordem simbólica que preexistia à sua chegada. Parafraseando Manuel Bandeira (2006), duas vezes se nasce: primeiro na carne, depois no nome – primeiro no corpo, depois na linguagem. Falamos de um encontro desencontrado entre as palavras adultas e o corpo do bebê ávido de presença humana. Os humanos são seres sociais, e é pelas mãos e vozes dos adultos que o bebê é introduzido no circuito da palavra: ele é, antes de tudo, falado.

Larrosa ressalta a importância da linguagem na tessitura do humano:

> O homem é um vivente com palavra. E isto não significa que o homem tenha a palavra ou a linguagem como uma coisa, ou uma faculdade, ou uma ferramenta, mas que o homem é palavra, que o homem é enquanto palavra, que todo humano tem a ver com a palavra, se dá em palavra, está tecido de palavras, que o modo de viver próprio desse vivente, que é o homem, se dá na palavra e como palavra. (LARROSA, 2016, p. 20)

O bebê humano nasce prematuro, se comparado com os filhotes de outros animais, por isso depende por mais tempo de um adulto de sua espécie para sobreviver. Essa condição de desamparo e dependência se deve ao fato de que o bebê ainda não completou a formação do seu sistema neurológico e perceptivo, o que tem impacto na consciência de si: "ele percebe, reage e até mesmo interage com os outros sem perceber que percebe" (DUNKER, 2006, p. 14). A psicanalista Rosa Mariotto assinala que

> o nascimento se revela menos como um ponto de chegada e mais como um ponto de partida a um outro tempo de transformações e, desde então, estará de mãos dadas com o mundo externo que acolhe o recém-chegado. (MARIOTTO, 2009, p. 53)

É, então, que começa a jornada do bebê para se constituir humano. Assim, quando se fala em um bebê, há sempre um outro que se ocupa dele e garante sua sobrevivência. A célebre frase do pediatra e psicanalista inglês Donald Winnicott (1983 [1960], p. 40) constata: "Não há tal coisa como um bebê". Para ele, o bebê não existe fora da relação com a mãe ou o cuidador. Será preciso um ambiente que ofereça os cuidados necessários para que o bebê se realize. Um ambiente constituído por pessoas, em determinado tempo e espaço, que vivem em certa cultura. Ao mesmo tempo, o autor sublinha que "o ambiente não faz a criança. Na melhor das hipóteses, possibilita à criança concretizar seu potencial" (WINNICOTT, 1983 [1963], p. 81).

É o cuidador privilegiado que, diante do recém-nascido, supõe que ali existe alguém. O cronista Antonio Prata (2016, pp. 203-204), ao referir-se ao nascimento de seu filho Daniel, escreve: "Você era ninguém, agora você é alguém – e, acredite, filho, essa é a coisa mais fantástica que pode acontecer com ninguém em todo o universo". O bebê se torna alguém porque alguém o supõe humano.

O processo de montagem do humano

Rosa Mariotto (2009) apresenta três dimensões como base de sustentação do que ela chama de "processo de montagem do humano":

- organismo, relativo ao material genético que o bebê traz consigo e cujo funcionamento está previsto segundo limites fisiológicos – que considera o amadurecimento da rede neuronal, objeto de estudos das ciências da saúde;
- corpo, que se desenvolve, objeto de estudos da psicologia evolutiva – que oferece várias teorias aos educadores sobre o desenvolvimento das crianças; e
- linguagem, no campo do simbólico e da cultura, necessária ao processo de subjetivação, objeto de estudos do campo da psicanálise.

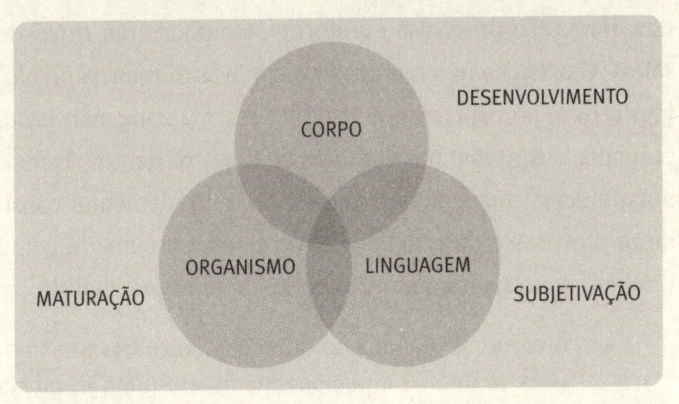

Figura 1 – Base de sustentação de montagem do humano. (Fonte: MARIOTTO, 2009, p. 52.)

No processo de montagem do humano, essas três dimensões se enlaçam. As funções orgânicas amadurecem ao longo do tempo, desde que haja a presença de um adulto cuidador que olhe e fale com o bebê. O desenvolvimento humano diz respeito às habilidades que um bebê adquire, obedecendo a uma dimensão cronológica. Espera-se que o pequeno se sente sem apoio por volta dos seis meses, que fale por volta de um ano. A psicologia do desenvolvimento oferece descrições minuciosas dos progressos motores, cognitivos e sociais das crianças, como se todas elas fossem apenas uma. Tanto pais como professores comemoram essas conquistas e elas são importantes. Mas, para além das etapas de desenvolvimento e da maturação do organismo, um bebê passa pelo processo de tornar-se um sujeito singular. Arnaldo Antunes (2000, p. 23) explica isso poeticamente: "o corpo tem alguém como recheio".

O psicanalista argentino radicado no Brasil Alfredo Jerusalinsky (2010, p. 76) afirma que, em relação ao processo de subjetivação, "não é a cronologia o que [o] caracteriza, nem uma progressão uniforme, tampouco um ritmo de saltos. O psíquico não tem ritmo, no que se diferencia do biológico que, ao contrário, o tem". Dessa maneira, não basta entender e acompanhar como as crianças se desenvolvem e amadurecem; mais do que necessário, é fundamental considerar o processo de constituição do sujeito, a maneira como um bebê se torna humano. Do ponto de vista psicanalítico,

> o sujeito é uma noção que não coincide com as noções de Eu ou de personalidade, mas uma instância psíquica inconsciente. Constrói-se, desde o início da vida de uma criança, a partir de um campo social pré-existente – a história de um povo, de uma família, do desejo dos pais – mas também a partir dos encontros, intercorrências e acasos que incidem na trajetória singular da criança. Do campo da cultura e da linguagem virão as chaves de significação em torno das quais a criança deverá construir para ela própria um lugar único. (KUPFER et al., 2009, p. 50)

As funções materna e paterna

> Seus próprios pais... ele que de noite espirrou o esperma paterno, e o gerou... e ela que o concebeu em seu ventre e o gerou... eles deram a esse menino mais que isto./ Deram a si mesmos para ele todos os dias... viraram parte dele. (WHITMAN, 2008, p. 201)

Esses versos do poeta estadunidense Walt Whitman sublinham que, para além do biológico, o exercício da parentalidade vai se efetivar no cotidiano da vida. Ganham relevo, nesse processo, as figuras tanto da mãe quanto do pai (ou seus substitutos), que exercem no dia a dia o que em psicanálise chamamos de função materna e função paterna, respectivamente, de modo a destacar o papel por eles desempenhado junto ao bebê.

A função materna é uma função simbólica exercida pelo adulto que se ocupa do bebê, que com ele fala, para ele olha, atribui significados a suas ações e interpreta suas expressões, introduzindo-o no mundo da linguagem e da cultura – no mundo humano. A psicanalista Maria Cristina Kupfer explica que a mãe,

> impelida pelo desejo, antecipará em seu bebê uma existência subjetiva que ainda não está lá, mas que virá a instalar-se justamente porque foi suposta. Desenhará com seu olhar, seu gesto, com as palavras, o mapa libidinal que recobrirá o corpo do bebê, cuja carne sumirá para sempre sob a rede que ela lhe tecer. (KUPFER, 2013, p. 49)

A autora anuncia o início do processo de constituição subjetiva, de tornar-se sujeito. Ela destaca a suposição que o adulto faz de que já haveria, no bebê, o que chamamos de subjetividade. Quando um adulto aposta que há alguém ali, é posta em marcha toda uma trama de relações que ratificará que ali existe de fato alguém.

Tal processo ocorre no cotidiano, por meio de pequenos e imperceptíveis reconhecimentos entre a dupla mãe-bebê. Há uma sintonia na busca do bebê pelo rosto da mãe e da antecipação desta em relação às necessidades do pequeno – que nos primeiros meses de vida é extremamente dependente dela para sua sobrevivência. Mais adiante, Kupfer continua:

> o corpo de um bebê jamais sairá de sua condição de organismo biológico se não houver um outro ser que o pilote em direção ao mundo humano, que lhe dirija os atos para além de reflexos e, principalmente, que lhes dê sentido. (KUPFER, 2013, p. 15)

A função materna tem por característica principal ser atributiva, é aquela que oferece sentido ao que é puro gesto ou descarga motora – dá sentido às manifestações do bebê. Ou seja, a pessoa que realiza os cuidados maternos possibilita ao pequeno o ingresso no universo de significações humanas. Quando, diante do choro do filho, a mãe o alimenta ou o agasalha, suas ações comunicam as intenções que ela lhe atribui – ou seja, ao ofertar o seio como resposta ao choro, ela lhe conta que o interpretou como sendo fome. Ela o nutre com alimentos e palavras. O agente da função materna constitui o bebê para o mundo e o mundo para o bebê.

Graciela Crespin usa a metáfora do espelho mágico da história de Branca de Neve para referir-se à relação mãe-bebê nos primeiros tempos, apontando a indiferenciação que se estabelece nessa díade. A rainha do conto pergunta: "Espelho, espelho meu, quem é a mais bela?" – e espera sempre pela mesma resposta: "É você a mais bela, minha rainha" (CRESPIN, 2016, p. 27). Para a autora, a rainha é a mãe, e o espelho, a criança. Vejamos como ela compreende esse paralelo:

> É a mãe que se olha nos olhos de seu filho para aí ver que ela é a mais bela, e seu investimento é sustentado por essa imagem de si que lhe é devolvida pelo bebê! Evidentemente, para isso é preciso que seu bebê também seja o mais belo, a beleza da criança e a da mãe sendo uma só, já que originalmente

o bebê é capturado nessa imagem que a mãe pousa sobre ele. (CRESPIN, 2016, pp. 27-28)

Ana Milena Hurtado, de cinco anos, define: "mãe é a pele da gente" (NARANJO, 2019, p. 83). Sua definição remete ao manto com que a mãe recobre o corpo do filho, abrigando ambos como se fossem um. Entretanto, essa condição não se manterá para sempre, pois entrará em operação a função paterna, como veremos adiante.

Vejamos um exemplo de como a função materna se concretiza. Com sua grande sensibilidade, Clarice Lispector descreve, em seu conto "Menino a bico de pena", uma mãe atenta a seu bebê. Enquanto ela está na cozinha, ele se aventura pela sala:

> Ele pensa bem alto: menino.
> – Quem é que você está chamando? Pergunta a mãe lá da cozinha.
> Com esforço e gentileza ele olha pela sala, procura quem a mãe diz que ele está chamando, vira-se e cai para trás. Enquanto chora, vê a sala entortada e refratada pelas lágrimas, o volume branco cresce até ele – mãe! Absorve-o com braços fortes, e eis que o menino está bem no alto do ar, bem no quente e no bom. (LISPECTOR, 2016, p. 419)

No conto, a autora constrói uma série de torções: a mãe interpela o filho para saber quem ele está chamando; já o bebê procura quem a mãe diz que ele chama. O som do pequeno é escutado pela mãe como um chamado e, quando ela responde, dá notícias para ele que reconheceu ali um apelo. O menino, que no conto nem se apercebeu de ter emitido qualquer som, tenta encontrar na cena aquilo que a mãe nomeou como sendo o que ocorria: se ela diz que ele chama alguém, ele procura quem ela diz que ele chama.

O acolhimento e a oferta de sentido operados pelas pessoas que encarnam a função materna marcam o bebê, nomeiam suas experiências iniciais e as traduzem em sentidos partilhados tanto na cultura como na família. Esta primeira marca, no entanto, não é suficiente para que se construa, para o pequenino, uma abertura ao mundo. Por isso, para a psicanálise, é na articulação da função materna com outra, que chamamos de função paterna, que o bebê será introduzido no universo humano.

A função paterna é descrita com frequência como sendo aquela que opera uma separação. Podemos pensar nessa figura familiar que é o pai e o chamado que a cultura faz para que sua voz dite as regras e limites. Ele proíbe a mãe de tomar o filho só para si – a isto chamamos interdição. Apoiada nesta ideia, surge a noção de função paterna, responsável por mostrar ao par mãe-bebê que há algo além da vivência amalgamada em que estão mergulhados.

Há um momento em que a indiferenciação entre o bebê e a mãe necessita de um corte para que a criança se perceba enquanto "eu", sujeito separado. Para nos percebermos um, é fundamental que percebamos a existência de outros, diferentes de nós – a alteridade. Assim, é próprio a esta função abrir o campo de sentido em que o pequeno está imerso, que em um primeiro momento foi escrito pela gramática materna, para que outros termos possam ali ser incluídos.

Acontece que para nós, humanos, não é tão simples renunciarmos ao sentido das coisas – no caso do filho, o sentido que a mãe atribui às coisas –, pois a experiência do sem sentido é frequentemente vivida como desamparo. A esse respeito Clarice Lispector (2016, p. 420) precisa em seu conto que, para o menino, "Mãe é: não morrer".

A função paterna abre o campo de sentido – ao dar um basta à relação de completude e continuidade experimentada pela dupla mãe-bebê – e, ao mesmo tempo, autoriza que um novo sentido venha a se instalar – só que, desta vez, isso será construído com a participação da criança, direcionando-a para o que mais existe no mundo, além da relação com a mãe. Ocorre a introdução de um terceiro que desestabiliza o idílio dual entre mãe e bebê e que introduz a negativa: o que pode, o que não pode – a lei.

Essa função permite que o bebê tenha acesso a uma ordem de coisas que não depende exclusivamente da mãe. Por isso dizemos que ela descortina um amplo horizonte, pois permite que a criança habite o espaço subjetivo que existe para além da mãe. Trocando em miúdos, a função paterna legitima um movimento da criança em direção ao mundo, dizendo: "Isso mesmo, filho, o mundo é grande e você tem os meios para usufruir dele. Venha conhecê-lo!". Na escola, esse convite será reiterado inúmeras vezes pelos professores aos seus alunos.

Mas por que refletimos em termos de *função* e não em termos dos *papéis* desempenhados pelo pai e pela mãe? É verdade que muitas vezes acabamos pensando em um pai ou uma mãe para exemplificarmos como as funções são encarnadas – isso mesmo, vividas no dia a dia por pessoas de carne e osso! Esta não só é uma forma próxima de nosso cotidiano, mas também é didática. Entretanto, as funções podem ser desempenhadas em diferentes configurações familiares: homo ou heteroafetivas, multi ou monoparentais, ou seja, as funções podem ocorrer na diversidade de famílias da contemporaneidade, quaisquer que sejam elas.

Pode acontecer, e com frequência acontece, que a mesma pessoa desempenhe as duas funções para o bebê. Este ser que vive uma plenitude na relação com o filho tem sua trajetória marcada por ser mãe, mas não só. A escritora e publicitária Cris Guerra (2016, p. 9) explicita: "não pense você que ao se tornar mãe uma mulher abandona todas as mulheres que já foi um dia. Bobagem. Ganha mais mulheres em si mesma". Um espaço subjetivo que acontece para além do materno já estava inscrito na mulher que, agora, se faz mãe.

Em termos conceituais, podemos dizer que a função paterna aparece para o bebê pelo próprio discurso da mãe, ou seja, ela vive, ao mesmo tempo, em uma relação de completude com o filho e está no mundo, que tem regras compartilhadas e deveres sociais. Assim, é ela que introduz o pai na jogada, pois ele já existe como terceiro em seu campo de percepção e das relações. A psicanalista radicada na França Maud Mannoni (2004, p. 55) elucida que "a presença real do pai não é indispensável: o que parece indispensável é a presença do pai no discurso da mãe". Ou seja, mais do que o pai de carne e osso, a mãe convoca a presença de um terceiro, que amplia os horizontes da criança.

Novamente Clarice Lispector (2016, p. 420) vem em nosso auxílio para ilustrar o que significa o pai estar presente no discurso materno. No mesmo conto, a mãe, após ter ouvido o menino dizer "fonfom", exclama: "isso mesmo, meu amor, é fonfom que passou agora pela rua, vou contar para o papai que você já aprendeu, é assim mesmo que se diz: fonfom, meu amor!". No conto, a mãe interpreta o reconhecimento do menino evocando o pai que, mesmo sem estar ali, se faz presente em suas palavras.

A alteridade funda a experiência subjetiva

A função paterna introduz o sujeito nas relações sociais, o que acarreta o reconhecimento da diferença: a alteridade. Como dissemos, para existir um eu é necessário que existam outros, diferentes de si. O importante aqui é perceber que, em sua montagem, o bebê vai primeiro se identificar com aquilo que o outro, cuidador privilegiado, vê.

Imaginem a miragem de um oásis idílico em meio ao deserto. Tal visão é um alento para quem busca conforto em meio a uma árdua caminhada, pois ela realiza aquilo que ainda não está ali: sombra e água fresca. No paralelo que propomos, a miragem vista e projetada pelo olho adulto oferece ao bebê uma primeira forma coesa: o pequeno vive o caos de sensações, mas o adulto reconhece ali um corpo organizado, e o bebê vai se identificar com essa imagem projetada – uma ilusão, uma miragem, que é vivida por ele como uma forma primeira de si. Por isso, quando falamos da alteridade e sua importância na experiência humana nos referimos a esse momento inaugural em que o bebê decanta uma unidade que reconhecerá como *eu* na relação com o outro.

O poema "Sou eu mesmo", de Sérgio Capparelli (2010, p. 75), brinca com isso. Nele, uma criança conta que os adultos dizem que ela tem "os olhos da vovó [...] a boca da titia [...] os cabelos da mamãe". Até "as mãos do tio Antônio". E arremata, dizendo: "Para, para, para/ Quero ser eu mesmo:/ e não o Frankenstein!". Essa colcha de retalhos composta de partes dos outros ganha uma costura própria e se forma como *eu* – a possibilidade de se pensar como um.

A alteridade está, portanto, presente desde o início no processo de humanização. O célebre psicanalista francês Jacques Lacan fala da constituição do *eu* como

> a aventura original através da qual, pela primeira vez, o homem passa pela experiência de que se vê, se reflete e concebe como outro que não ele mesmo – dimensão essencial do humano, que estrutura toda a sua vida de fantasia. (LACAN, 1986, p. 96)

Ele se vê como um reflexo nos olhos do outro, que lhe servem de espelho. Essa imagem primeira vai produzir a diferença que não estava instalada antes: há eu e não eu. Em outras palavras: há diferença.

Para acessarmos a importância disso, vamos recorrer a outro exemplo: estamos no silêncio absoluto – não no campo com passarinhos ou na beira do mar, mas no silêncio espacial, aquele do vácuo, que aparece em filmes de ficção científica. Será a ocorrência de um ruído qualquer nesse contexto que criará o silêncio como aquilo que era vivido até então. A poeta polonesa Wisława Szymborska também busca tocar essa condição quando trata das três palavras que para ela são as mais estranhas: futuro, silêncio e nada. Isso porque, quando a palavra futuro é pronunciada, ela já está no passado; ao proferir a palavra silêncio, ele é suprimido; e quando se fala nada, algo é criado, algo "que não cabe em nenhum não ser" (SZYMBORSKA, 2011, p. 107).

A diferença é o efeito da entrada desse som: ele cria, no mundo, o silêncio como uma possibilidade dentre outras. É um paradoxo como aquele expresso na pergunta: "O que veio primeiro, o ovo ou a galinha?". O que veio primeiro: o silêncio ou o ruído? O silêncio já estava, então ele veio primeiro, claro. Mas sem o ruído, o silêncio não seria percebido enquanto tal... por isso o paradoxo. O processo de construção subjetiva do reconhecimento de si como um *eu* unificado é semelhante: o outro veio antes, mas se o *eu* não se separa, essa diferença fica opaca e não é vivida enquanto tal. Por isso podemos dizer, apoiadas nas colocações de Lacan, que o eu é um outro e que a alteridade é fundante da experiência subjetiva.

Os humanos serão confrontados com a diferença de diversas maneiras ao longo da vida. Já abordamos como isso se instaura na relação com os cuidadores primordiais e como os processos identificatórios entram em jogo na conformação de uma unidade que o bebê vai usufruir como sendo sua forma e imagem, até o momento em que ele passará a usar o pronome *eu* para falar de si. Isso permite que o bebê se lance ao jogo das diferenças com outros parceiros, seus colegas, aqueles que são tão pequenos quanto ele. Uma vez instaladas as funções materna e paterna, que podemos chamar de verticais, pois carregam a marca intergeracional, chega o momento de reconhecer-se na relação com seus semelhantes.

A função do semelhante

Como vimos, as funções materna e paterna decorrem de relações intergeracionais – ou seja, são adultos que encarnam tais funções para introduzir o bebê no universo humano, supondo ali um sujeito. A criança, por sua vez, atribuirá aos adultos um suposto saber a respeito de si. Nesse sentido, adultos e crianças viverão sempre uma relação assimétrica.

De outra maneira, a função do semelhante desenrola-se nos laços horizontais estabelecidos pelas crianças com seus pares e diz respeito ao que apenas uma criança pode fazer pela outra. Ao contrário das relações assimétricas que as crianças estabelecem com os adultos, quando estão entre elas há uma simetria: são todas crianças e percebem que não têm o mesmo poder e o mesmo saber que atribuem aos adultos.

Tais laços horizontais permitem que elas se identifiquem entre si. Identificação é o processo "pelo qual um sujeito assimila um aspecto, uma propriedade, um atributo do outro e se transforma, total ou parcialmente, segundo o modelo desse outro" (LAPLANCHE, 2016, p. 226). Os processos identificatórios são centrais para a constituição do sujeito, pois por meio deles ele se transforma, "assimilando ou se apropriando, em momentos-chave de sua evolução, dos aspectos, atributos ou traços dos seres humanos que o cercam" (ROUDINESCO e PLON, 1998, p. 363).

Já falamos desse processo de incorporação de traços dos outros, essa soma de partes que não faz de nós um Frankenstein. Essa imagem-monstro volta a nos interessar aqui, pois a relação com os semelhantes, nesse momento tão inicial da vida, acaba tendo o efeito de abalar a certeza recém-construída de unidade de si. Como se o pequenino que acabou de dar-se conta de que é alguém para o adulto fosse relançado novamente à dúvida: e na relação com um outro como *eu*, um semelhante, quem sou?

A função do semelhante abarca a nova experiência de semelhança e diferença. Essa função fala de uma vivência crucial: ao mesmo tempo que se irmanam enquanto crianças, elas são diferentes entre si. Condição paradoxal, vivida ora como rivalidade, ora como indiferenciação. Se isso já tinha sido inaugurado em relação às funções materna e paterna, será agora revisitado com os irmãos, primos ou parceiros de jogos que as crianças vão encontrar na pracinha e, é claro, na escola.

As aventuras de Alice, às quais já fizemos alusão um par de vezes, nos ajudam a exemplificar isso. Desde o princípio de suas peripécias, a garota vai assumindo diversos tamanhos – ora fica muito pequena, ora extremamente grande – e estabelece os diálogos mais curiosos com os vários personagens que encontra. Lá pelo meio da história, conhece uma lagarta que lhe pergunta quem é ela. A resposta de Alice nos dá testemunho de que o questionamento não tinha nada de simples:

> "Eu... mal sei, Sir, neste exato momento... pelo menos sei quem eu *era* quando me levantei essa manhã, mas acho que já passei por várias mudanças desde então."
> "Que quer dizer com isso?", esbravejou a lagarta. "Explique-se!"
> "Receio não poder me explicar", respondeu Alice, "porque não sou eu mesma, entende?". (CARROLL, 2009, p. 55)

A leitura que fazemos do livro, tendo em vista a discussão acerca da função do semelhante, é de que para Alice, até aquela manhã, tinha sido possível estabelecer alguma constância de si. Mas os encontros com os mais excêntricos personagens – que, mesmo sendo animais, condensam traços humanos e convocam a menina a pensar-se – a fazem assumir formas muito diversas ao longo do enredo.

Como se na relação com os pais e familiares ela já fosse tida como bem grandinha e sabida e, ao encontrar esses outros parceiros, seu tamanho e conhecimentos se mostrassem mais fluidos e fossem postos à prova, exigindo dela novas conformações: "ser de tantos tamanhos diferentes num dia é muito perturbador" (CARROLL, 2009, p. 57), afirma a menina. Além disso, nos diálogos, vira e mexe acontecem desentendimentos e Alice é refutada muitas vezes – como se no livro fossem encenadas, de maneira onírica, as disputas entre as crianças quando estão entre elas.

Se o bebê goza de um lugar especial na relação com o adulto cuidador, quando está entre semelhantes esse lugar não está mais garantido. Ao mesmo tempo que a criança quer ser a favorita, todos os semelhantes querem o mesmo que ela e os adultos buscam garantir-lhes os mesmos direitos. Entretanto, isso não impede que a rivalidade se estabeleça. Freud (2011 [1921], p. 65) comenta que a rivalidade dá lugar à justiça social, salientando que ela "quer dizer que o indivíduo nega a si mesmo muitas coisas para que também os outros tenham de renunciar a elas". Se um não pode ter o privilégio, nenhum terá. Na relação com o semelhante, está implicada a perda de um lugar especial, mas que vem acompanhada do ganho da vida no coletivo.

As identificações constituem possibilidades de enriquecimento subjetivo, e o encontro com o semelhante pode representar abertura para a diferença e para a alteridade: esse papel que uma criança tem para outra deve ser considerado na escola. O professor é o responsável por acompanhar as relações entre as crianças, sejam elas conflituosas ou até mesmo agressivas, com vistas a auxiliá-las a lidar com esses aspectos, sem, todavia, inibir sua autoexpressão, uma vez que o ciúme e a rivalidade participam da gênese do sentimento social (BAROUKH, 2020).

Em um grupo de crianças de um ano e meio a dois anos, uma cena que causa espanto aos professores é quando uma delas cai e a outra, que está perto, chora. Por que chora aquela que não caiu? Ela se identifica com a que caiu: há aspectos semelhantes entre elas, e, ao mesmo tempo, pequenas diferenças. É o chamado transitivismo, proposto por Wallon. Acerca disso, Dunker (2006, p. 18) explica que o transitivismo é próprio a esse momento de constituição do *eu* e afirma que a criança que não caiu e chora "não está mentindo: sua experiência subjetiva é realmente de incerteza quanto ao agente da ação". Haverá um momento em que o transitivismo será superado, em nome de um reconhecimento de si e do outro como entes separados.

Escola é por excelência lugar da infância em nossa sociedade. Hoje, desde os quatro anos sua frequência é obrigatória em nosso país, sendo o primeiro lócus de socialização, de convivência coletiva. Como sintetiza Antonio Prata (2013, p. 70), "se em casa eu tinha uma mãe só para mim (e, vá lá, para a irmãzinha), na escola éramos cerca de quinze meninos e meninas lutando pela atenção de uma única mulher".

Todas as crianças ali serão alunas da escola, da mesma professora – nesse sentido, serão iguais; por outro lado, cada qual trará sua singularidade: "os olhos da vovó [...] as mãos de tio Antônio". As disparidades socioeconômicas e temas estruturais da sociedade brasileira, como a discussão sobre raça e preconceito, também participam dessa dinâmica como algo que toca a todos, mas impactam diferentemente cada um dos estudantes, seus corpos e suas histórias.

Há várias ocasiões escolares que põem em jogo a função do semelhante. As crianças de um mesmo grupo almoçam juntas e, muitas vezes, aquelas com paladar mais restrito se aventuram em novos sabores, vendo os companheiros fazê-lo. Experimentam brócolis e espinafre, ampliando seu paladar. Também é comum ouvirmos frases como "você já é grandinho, não está mais no berçário!". São cenas corriqueiras que tomam a função do semelhante ora em sua potência de produzir identificação, ora em sua potência da diferenciação, o que nos faz singulares.

Em nossa busca de textos literários que exemplificassem ou traduzissem a função do semelhante, surgiu a inspiração para a escrita de "Outro eu". Sigamos o encontro entre dois bebês que começam a caminhar.

OUTRO EU, POR PAULA FONTANA FONSECA

Intrigado, esticou-se o quanto pôde, até perceber que havia chegado. O que via e o que sentia não coadunavam: o toque trazia uma sensação fria, algo liso, de difícil penetração, enquanto os olhos enamoravam-se daquele outro que era tão ele. Perto, estavam os adultos. Podia vê-los quando virava o pescoço para o lado, e mesmo mirando para a frente, os focalizava. Perturbadoramente, estavam ao mesmo tempo ao seu lado e duplicados, próximos daquele outro ele. Tê-los por perto era bom, necessário.

Enquanto isso acontecia, os adultos divertiam-se, comentavam como o pequeno já estava crescido, como a cada dia se parecia mais ao pai; mas aquele olhar curioso para a imagem refletida tinha o estilo inconfundível da mãe. Nossa! Tão pequeno e já se parecia... O falatório ganhou outras vozes também entusiasmadas, que repetiam, como refrão, que ele havia crescido, o cabelo finalmente encorpava, deixando-o mais a cara do pai. Os elogios recaíram também sobre Clarice, que chegou de mãos dadas com a mãe, ensaiando passos: que fofura mais simpática!

Alheio a tudo, seguia imerso em sua tentativa de pegar o que lhe apetecia aos olhos, mas era rígido ao toque, superfície refratária à sua vontade de ser misturado. Desentendido do que sucedia, virou-se para ver se os adultos lhe davam uma pista do que poderia fazer para, finalmente, apertar aquele que parecia buscá-lo com a mesma avidez, só que de forma plana.

Ao virar-se, em um desequilíbrio, sentou-se. Aquela mudança abrupta de altura não foi bem-vinda e seu desagrado foi bradado em alto e bom som. Deteve-se quando ouviu um berro que parecia o dele. Mas se ele não gritava mais?... Procurou pelo som e viu-se diante Dela. A aproximação de Clarice e Chico foi festejada pelos adultos: como era gracioso vê-la compadecer-se do choro dele. "Mas quem caiu não foi você, minha querida!" – disse a tia.

Ainda que a alegria dos adultos o interessasse, não podia deixar de olhar para Ela e quis alcançá-la. Sua vontade deve ter sido tamanha, pois fato é que ele se expandiu e tocou uma superfície quente e macia – antes, quando dessa mesma vontade, tinha encontrado algo frio e liso. Como aquilo que aos olhos era tão parecido e encantador podia ser tão diferente ao toque? Mas não havia tempo para perder-se em ponderações, a vivência finalmente acontecia e ele era adepto de focar no momento. Ela deve ter feito algo, pois a sensação continuava quente, macia e, agora, também molhada. Finalmente podia pegar, e seu toque adentrou aquele espaço viscoso que estava na altura de seus olhos. "Assim a Clarice não vai gostar...", disse a mãe. "Onde já se viu enfiar os dedos na boca de alguém?!"

"Olha que lindo esse chocalho!", completou o pai. Seus olhos desviaram para o objeto ruidoso e colorido que apareceu no caminho até Ela. Mal sabiam os adultos que Clarice, por sua vez, estava degustando aqueles dedos rechonchudos. Adepto de viver o momento, sua vontade voltou-se para o colorido e teve a intenção de expandir-se até ele. O esforço estava em curso e, quando finalmente sua extremidade aproximou-se do objetivo, viu que o colorido estava sendo agitado no ar, mas sustentado por outra mão, que não era a sua. A decepção foi tamanha que logo suas bochechas estavam molhadas, sua boca escancarada bradando seu descontentamento.

"Aaahhhh, Clarice foi mais rápida, não é? Também, ela leva uns meses mais que você, meu amor...", disse a mãe, que se inclinava sobre ele. "E tem loucura por chocalhos", acrescentou o tio, iniciando um diálogo que buscava explicar o inexplicável. Em meio às considerações, sentiu-se acarinhado. As bochechas secas de novo, olhou para cima, como se quisesse reconhecer de onde vinha aquele cuidado.

Ao baixar o olhar, reencontrou o colorido. Dessa vez, se aproximava sem que ele tivesse que se esforçar muito. Num movimento decidido, agarrou-o e, para extravasar sua alegria, sacudiu-o com vigor. A diversão foi contagiante, viu que os adultos riam, Ela também se alegrava.

Pensou que Ela gostava que ele se mexesse. Parou um pouco e retomou a ação, como se quisesse testar a tese recém-formulada. Espantado com seu sucesso, quis repetir o acontecido. Era impressionante como podia ser bom nisso! Essa seria a descoberta do dia! Seria, caso Ela não estivesse ainda ali, acompanhando tudo. Erguida em suas próprias pernas, aproximou-se e quis ter o colorido de novo. Desamparado, ele buscou guarida no colo de sempre.

Agora era ele quem a via de cima. Ainda que se agitando, não conseguia se deslocar pelo espaço e foi com júbilo que percebeu que, mesmo assim, o colorido se aproximava e lhe era metido na boca, com precisão. Não soube avaliar seu gosto, soube que gostou. Não chegou a entender como o colorido podia estar e não estar, pois seu ir e vir não correspondia à sua vontade. Foi com surpresa que percebeu gostar que Ela, acompanhando o movimento do colorido, ia e vinha. Gostar era bom e ele quis exaltar isso.

"Veja como gargalha com a prima!", riram-se todos. As vozes adultas devem tê-lo distraído, pois ao reabrir os olhos viu que Ela se afastava, sem parecer ter a intenção de regressar. Como se flutuasse, pousou sobre o chão e, seguro em seus quatro apoios, enxergou migalhas. Ahhh! Cada migalha interessante! Justo com ele ia acontecer uma tentação dessas, ele que era adepto a focar-se no momento... Mas resistiu!

> Em um esforço inédito, ergueu o olhar e decidiu buscá-la, ali adiante. Era a primeira vez que fazia planos futuros e seu corpo, animado com esse novo horizonte, coordenou-se na direção Dela. Chegando ao seu lado, viram-se olho no olho, tão perto estavam. Ela abriu a *bocariz* e encontrou com seu *nariz-bocochecha*, e essa parte do corpo de que ele tanto gostava ficou melecada. Foi assim que ele descobriu que o futuro era um lugar saboroso. ∎

Clarice e Chico têm pouca diferença de idade, o que os torna semelhantes, companheiros de folguedos. Ao mesmo tempo, ela é suficiente para marcar uma diferença do que cada um deles aporta para a relação que se estabelece ali. Ele descobre muitas coisas, e ela também. Mas são coisas diferentes: ao chorar quando Chico cai, Clarice mostra estar vivendo o transitivismo. Ao brincar no espelho, Chico mostra estar começando a se perceber como eu.

Mais do que fazer uma análise exaustiva, trouxemos o conto para que cada leitor possa se aventurar em estabelecer relações com o que já foi apresentado. Esperamos que ele o provoque a pensar sobre a dimensão da subjetividade no cotidiano com os pequenos.

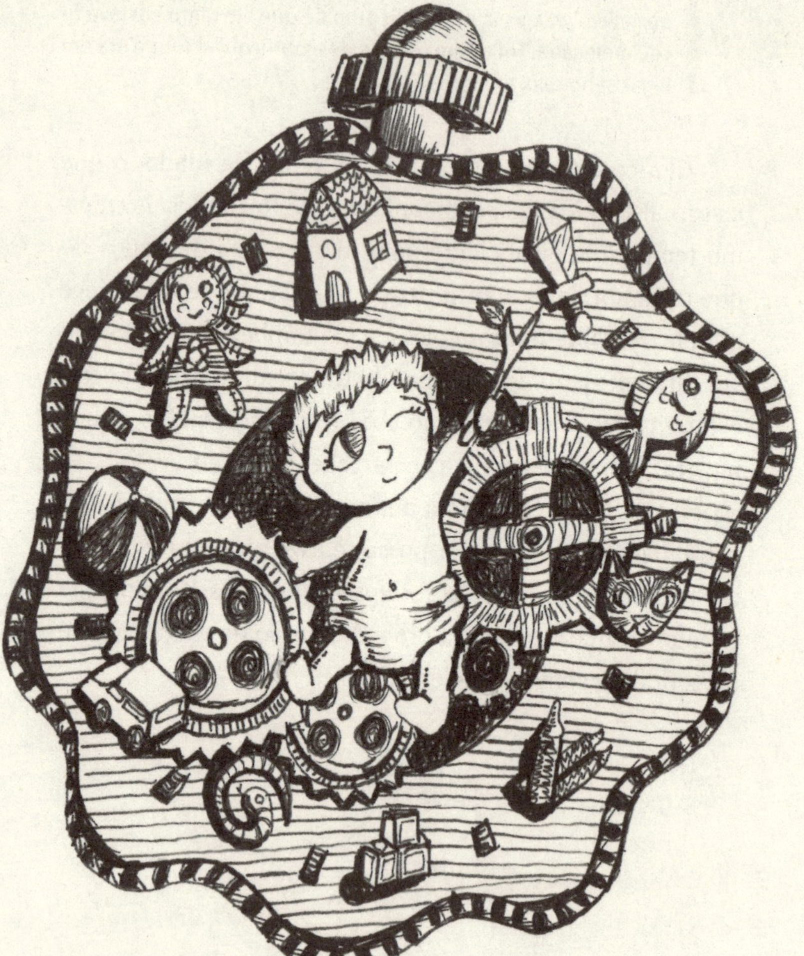

BRINCAR, UMA EXPERIÊNCIA SUBJETIVA DAS CRIANÇAS

Vá, disse a ave, pois as folhas eram cheias de crianças,
Escondidas empolgadas, contendo a risada.

T. S. Eliot (2018, p. 227)

"A gente só é criança quando sabe inventar brincadeira" (BLOCH, 1997, p. 47) – essa afirmação, feita por uma criança, é emblemática, pois dá a ver que brincar é a maneira que as crianças têm de ser e estar no mundo. Elas são ao brincar. Etimologicamente, o verbo brincar deriva do latim *brinco*, que significa *vinculum* – laço, vínculo. Esse termo, por sua vez, é formado de *vincire*, atar, e do sufixo instrumental *ulum*. Assim, brincar é uma atividade de ligação ou vínculo com algo em si mesmo e com o outro.

Brincar é constituinte das crianças, é sua ação primordial, por meio da qual elas compreendem o mundo físico e social. Tem um fim em si mesmo, é livre e espontâneo: livre, porque não é dirigido a alguma finalidade por ninguém, que não a própria criança; e espontâneo, porque depende de sua disposição. A pesquisadora do brincar e professora Soraia Saura explica que

> O brincar reflete uma relação muito profunda do que existe internamente na criança, a personalidade dela, o contexto e as situações que ela está vivendo e, também, elabora uma ideia de humanidade. Então, são gestos do corpo que reproduzem alguns caminhos percorridos pelo *homo sapiens*, por exemplo. E são exercícios muito importantes tanto no nível emocional quanto corporal, é uma relação que se estabelece com o mundo e uma relação muito profunda. (SAURA, 2021, n.p.)

As crianças mergulham por inteiro no brincar. Seu corpo, sua imaginação e as várias maneiras de se expressar participam da brincadeira. Elas utilizam linguagens verbais e não verbais disponíveis em suas culturas: dança, pintura, gestos, expressões faciais, posturas corporais, desenhos, materiais da natureza, tecidos, caixas e o que mais houver ao seu alcance são incorporados às narrativas que elas criam. A antropóloga da infância Adriana Friedmann enfatiza a importância das linguagens expressivas:

> o brincar, as artes, o movimento e outras formas narrativas, são entendidos como linguagens expressivas por natureza, e não apenas como ferramentas para o aprendizado escolar. Manifestações plurais e diversas das crianças são oportunidades de expressão e posicionamento diante das questões da vida, das relações e da comunidade. (FRIEDMANN, 2020, p. 45)

Nessa perspectiva, o pedagogo italiano Loris Malaguzzi, idealizador e incentivador das escolas infantis da região italiana de Reggio Emilia, exalta a capacidade criadora das crianças:

> A criança
> é feita de cem.
> A criança tem
> cem linguagens
> e cem mãos
> cem pensamentos
> cem maneiras de pensar
> de brincar e de falar.
> Cem e sempre cem
> modos de escutar
> de se maravilhar, de amar
> cem alegrias
> para cantar e compreender
> cem mundos
> para descobrir
> cem mundos
> para inventar
> cem mundos
> para sonhar.
> (EDWARDS; GANDINI; FORMAN, 2008, p. V)

Enfatizamos aqui a potência das inúmeras linguagens de que as crianças podem lançar mão para se expressar e que põem em jogo ao brincar. Elas se expressam corporalmente ao correr e se movimentar; deixam suas marcas no espaço quando mexem na areia, na tinta, na argila ou quando emitem sons de júbilo, e formulam narrativas, entre tantas manifestações suas. Crianças criam ficções nas quais fazem as vozes de todos os personagens: uma brincadeira em que, mesmo estando sós, mostram estar acompanhadas. Atentas aos achados em seus caminhos, elas tomam de empréstimo as qualidades das coisas e pessoas com as quais se encontram. Walt Whitman traduz a exploração do mundo pelas crianças com lirismo:

> Tinha um menino que saía todo dia,
> E a primeira coisa que ele olhava e recebia com surpresa ou pena ou amor ou medo, naquela coisa ele virava,
> E aquela coisa virava parte dele o dia todo ou parte do dia... ou por muitos anos ou longos ciclos de anos.
> (WHITMAN, 2008, p. 199)

Metáfora como gramática de criação

Para conhecer o mundo, as crianças indagam, investigam e exploram os objetos, o próprio corpo, os fenômenos e as pessoas, e o fazem por meio do brincar – a linguagem das crianças. Sendo linguagem, é também aprendida e tem uma gramática: a metáfora.

Etimologicamente, metáfora deriva da palavra grega *metaphorá*, por meio da junção de dois elementos – *meta*, que significa sobre, e *pherein*, transporte. Podemos então entender metáfora como transporte do sentido próprio para um sentido figurado.

"O girassol é o carrossel das abelhas" (MORAES, 1998, p. 328). Esse verso de Vinicius de Moraes nos convida a imaginar a cena: abelhas divertindo-se em um girassol, como as crianças se divertiriam em um carrossel. Ao lermos poesia, temos a oportunidade de nos desvencilhar dos entendimentos usuais das palavras – suspendendo seus significados literais – e nos deixar surpreender por um caleidoscópio de sentidos.

Para as crianças, a metáfora pode ser vista como uma nova organização daquilo que as rodeia. Em suas mãos, as palavras são cambiantes, produzem novas significações, realidades provisórias. Elas criam expressões, viram as palavras do avesso, juntam prefixos e sufixos visando nomear suas vivências e acessar os ordenamentos do mundo, ampliando as possibilidades de agir nele como uma forma de conhecê-lo.

Assim, elas subvertem os contornos dos sentidos instalados na cultura, buscando a compreensão do universo, e nos convocam a ver as palavras com novos olhos. O pesquisador do imaginário Gandhy Piorski explica que

> crianças são como espécies de pássaros garis da natureza: fazem continuamente o trabalho de renovar as sobras do mundo, digerindo-as em uma calórica forja imaginadora, transformando-as em novos nutrientes, artefatos da brincadeira, crenças e certezas jovens, recém-nascidas, porém embevecidas de fascínio. (PIORSKI, 2016, p. 8)

As crianças semeiam palavras e novos sentidos florescem. Brincam com as palavras como brincam com o mundo. Ao falar de sua infância, Manoel de Barros (2003, p. VIII) relata sua participação em um jogo de futebol: "no meio de uma pelada um menino gritou: 'Disilimina esse, Cabeludinho'. Eu não disiliminei ninguém. Mas aquele verbo novo trouxe um perfume de poesia à nossa quadra". O verbo *disiliminar*, recém-inventado, traz uma brisa poética para todos que participam do jogo.

São muitos os exemplos, quase sempre divertidíssimos, como aquele de uma menina que anunciou para a mãe que estava com *desvontade*. Inquirida sobre o sentido da expressão, esclareceu que era uma vontade que não tinha vontade – ou seja, muito diferente de uma *falta de vontade*, forma com que o adulto está mais familiarizado. Além disso, criam explicações inusitadas: "beija-flor é um passarinho que inventou o movimento parado" (BLOCH, 1997, p. 30).

A metáfora é também matéria-prima dos poetas, o que os aproxima das crianças. Manoel de Barros, em sua poesia, diz que tanto as crianças como os poetas, ao mudarem a função de um verbo, fazem-no delirar. Na infância e na poesia, "o verbo tem que pegar delírio" (BARROS, 2010, p. 301). Delirar deriva do latim *delirare*, que significa sair do sulco do arado e mantém, em nossos dias, o sentido figurado de sair da linha, sair de si, desatinar, quebrar a normalidade. Quando o verbo delira, faz metáfora: cria algo ali onde o existente não estava suficiente.

Gilberto Gil (1982) explica o que é metáfora na canção de mesmo nome: "uma meta existe para ser um alvo/ Mas quando o poeta diz: meta/ Pode estar querendo dizer o inatingível". A poesia religa o sentir e o pensar, o perceber e o imaginar. Para isso, é necessário que o leitor atribua sentido para o que é dito nas entrelinhas, aportando algo de seu ao texto.

As crianças, diferentemente dos poetas, não têm a criação como meta, mas como efeito de sua presença no mundo. Ao brincar, elas não apenas representam e encenam aquilo que testemunham no seu cotidiano, mas se transportam para outras cenas e criam formas de existir. Antonio Prata, ao revisitar suas primeiras lembranças da infância, dá a ver a inventividade do olhar infantil que inaugura as coisas, cria e transforma o observado:

> No piso do quintal, ladrilhado com cacos de cerâmica vermelha, via um elefante de três pernas, um navio, um homem de chapéu fumando cachimbo. Na manhã seguinte, as imagens haviam mudado: o homem de chapéu era um bolo mordido; o elefante, parte de um olho enorme – a tromba, um cílio –; o navio zarpara, deixando para trás apenas cacos de cerâmica vermelha no piso do quintal. (PRATA, 2013, p. 9)

Brincar não é útil, nem produtivo, pertence à esfera do ócio, da criação, e joga um papel importante na constituição subjetiva das crianças, como o pequeno Antonio, que se dedica a achar figuras nos ladrilhos do quintal. Diante da pergunta sobre qual é o segredo que as crianças nos convidam a encontrar quando brincam livremente, a pesquisadora e educadora Sandra Eckschmidt explica que

> as crianças nos respondem com toda a genialidade de seus gestos e de sua imaginação, porque é brincando livremente que elas expressam sua criação! Criação que se concretiza com base no que vive dentro de cada uma dessas crianças – sua cultura, suas histórias e crenças – e na sua individualidade, do que tem de mais profundo em si! (ECKSCHMIDT, 2015, p. 74)

As crianças são criadoras. Em seu livro *A criação da criança*, Julieta Jerusalinsky (2011) explora a multiplicidade de sentidos dessa expressão. O termo criança deriva do latim *creare*, que significa criar e que também deu origem às palavras criação, criatividade e crescer, ações que estão em permanente diálogo com a infância. O sufixo -ança também deriva do latim *antia*, que indica a ideia de ação ou resultado dela. Então, temos que a criação da criança pode ser tomada como o ato de criar uma criança e como a potente característica de invenção, criatividade e narração de mundos que têm as crianças.

Infância é dimensão humana, marcada pela captura e narração do mundo pela experiência – todos fomos crianças antes de chegarmos a ser adultos. E brincar é dimensão da infância. A educadora Maria Amélia Pinho Pereira, a Peo, fundadora da Casa Redonda[3], em entrevista ao escritor Flávio Paiva, diz que

> [...] a brincadeira pertence à dimensão do sagrado. O sagrado enquanto segredo, enquanto mistério da vida presente em cada ser humano que se inicia neste planeta. O brincar sagra a vida porque dá sentido ao que está sendo vivido. É a expressão livre, espontânea e imprevisível do humano. É o exercício de sua liberdade e, por isso, a seriedade do ato de brincar. O brincar é muitas vezes entendido como um tempo perdido, como um não-fazer-nada. Aí está um grande engano, pois brincar não é entretenimento. Brincar é um processo de conhecimento que se realiza dentro de um estado de alegria, pela característica da presença da liberdade que é própria dele. Não há um gesto do brincar que seja aleatório. Há sempre um significado profundo refletido no brincar [...]. (PAIVA, 2009, p. 327)

Assim, o brincar é manifestação inconteste da infância, que também guarda os segredos que nos fazem singulares e sagra o humano que existe em cada um de nós. Mais do que

---

[3] A escola Casa Redonda, em São Paulo, é uma das experiências de educação reconhecidas pelo Ministério da Educação e Cultura como exemplo de inovação e criatividade na Educação Básica brasileira.

entretenimento, no brincar há trabalho subjetivo, uma forma de trabalho diferente daquela da rotina adulta, pois há algo sendo exercitado, criado, experienciado. Ao brincar, as crianças criam trilhas no mundo e se deixam marcar e surpreender por ele: abrem o infinito para dentro.

Tempo do brincar

Vimos, no primeiro capítulo, que os gregos usavam as palavras *chrónos* e *kairós* para se referir ao tempo em duas de suas diferentes qualidades, duas maneiras subjetivas de perceber e viver as mudanças. Há, ainda, um terceiro termo grego para tratar do tempo: *aion*, que se refere à força vital, à intensidade, à eternidade – ao tempo que não escoa, mas que dura e perdura; tempo que se suspende, tempo sem tempo, tempo que passa generoso. Segundo o filósofo grego Heráclito (1991, p. 73), *aion* "é uma criança, criando, jogando o jogo de pedras, vigência da criança". Em nosso dia a dia, *aion*, tempo da infância, se revela nas respostas das crianças quando estão brincando e as interrompemos: "mas, já?" ou "só mais um pouquinho!", mostrando que, no reinado de *aion*, *chrónos* participa como coadjuvante. Nesse sentido, Mia Couto (2016, p. 37) ajuda a nos aproximarmos de *aion*: "Criança, eu sabia/ suspender o tempo,/ soterrar abismos/ e nomear estrelas".

O tempo da criança é aiônico, tempo do brincar, do movimento corporal e da intensidade, da presença, do presente. *Aion*, então, é o tempo da arte, da criatividade, da descoberta, da imaginação. Tempo de criar mundos, realidades, tempo de criar tempos. O importante poeta britânico T. S. Eliot (2018, p. 259) certa vez escreveu: "Quando o tempo para e quando o tempo é sem fim" – o que nos pareceu uma bela forma de sintetizar *aion*.

A vida adulta contemporânea se pauta sobretudo pelo entrelaçamento de *chrónos* e *kairós*, como vimos anteriormente. Os acontecimentos vão se tecendo em nós, constituindo nossa existência, nosso ser e estar no mundo, que ecoa em tudo o que fazemos, na conjunção do tempo cronológico com aquele dos acontecimentos imprevistos. A sabedoria – ou como Benjamin a chama (2012a, p. 217), a substância da vida – é algo que advém de nossa experiência, tecida no tempo entre o acontecer e sua elaboração. Dessa maneira, vamos criando intimidade com as coisas do mundo e com as pessoas. Carlos Drummond de Andrade (1978, p. 108) escreve sobre a relação entre a vida, o tempo e a experiência: "O tempo é a minha matéria, do tempo presente, os homens presentes, a vida presente". É no presente que a experiência pode ter lugar.

Para as crianças, é diferente: elas vivem com mais frequência *aion*, essa suspensão do tempo convencional, que o toma em sua eternidade – "que seja infinito enquanto dure", como nos ensinou Vinicius de Moraes (1976, p. 77). Nós, adultos, também temos contato com essa dimensão. Acessamos *aion* quando mergulhamos na literatura, na música, na dança, na criatividade. Quando não sentimos o tempo passar, pois se passam muitas coisas em nós. Na escrita, na produção visual, no momento de criação, no devaneio, no brincar de faz de conta. Como diz a canção *João e Maria*, de Chico Buarque e Sivuca (2003): "Agora eu era o rei/ Era o bedel e era também juiz/ E pela minha lei/ A gente era obrigado a ser feliz". A palavra devaneio deriva do espanhol *devaneo* e diz respeito a divagar, conceber na imaginação, deixar-se levar por ela, como criar uma lei para que todos fossem felizes. Quando acionamos nossa imaginação, quando subvertemos a ordem das imagens e das palavras, criando novos sentidos, devaneamos.

Temos, ainda, a oportunidade de brincar, adultos e crianças, nas festas populares, que são também chamadas de brinquedo e, seus participantes, de brincantes. Festas tradicionais como o Bumba Meu Boi, o Reisado, entre outras, que congregam a comunidade em torno de festejos que se repetem anualmente, dos quais adultos e crianças participam juntos. Essas ocasiões funcionam como convites para a transmissão do legado cultural e tradicional de um povo de forma lúdica, por meio do compartilhamento daquela experiência. Ao fazer a genealogia do jogo, o historiador e linguista holandês Johan Huizinga explica que

> Dentro do círculo do jogo, as leis e costumes da vida quotidiana perdem a validade. Somos diferentes e fazemos coisas diferentes. Esta supressão temporária do mundo habitual é inteiramente manifesta no mundo infantil, mas não é menos evidente nos grandes jogos rituais dos povos [...]. (HUIZINGA, 2001, pp. 15-16)

O deslocamento que vivemos nas festas tradicionais é o mesmo que as crianças vivem no faz de conta. Há uma supressão temporária do mundo como ele é, o que permite sua própria reinvenção.

Nós, adultos, estamos mais acostumados com a divisão convencionada de organizar os eventos em momentos determinados. Ao tentarmos explicar para as crianças pequenas quando algo irá acontecer – a festa de aniversário, o dia de visitar a avó ou aquela viagem de férias – podemos apreender essa diferença: temos de iniciá-las na temporalidade recortada por dias, horas, minutos e importâncias, enquanto elas nos perguntam, como Thomé, de três anos: "Por que antigamente ficou para trás? Hoje é ontem?" – fala recolhida por seu pai, Arnaldo Antunes (2006, p. 44), e publicada em livro de frases compiladas.

A escola, feita por nós adultos, também se organiza por *chrónos* e por *kairós*. Os tempos e espaços coordenados estruturam a rotina que, por sua vez, oferece um contorno para as vivências que se darão ali – coisas que se fazem apenas em momentos oportunos, como conversar na roda ou brincar no pátio. Mas não precisa ser assim. Podemos abrir espaços e tempos para que as crianças possam viver *aion* em suas brincadeiras, em suas descobertas, permitindo que as perguntas sobre o mundo possam ser formuladas e que elas se lancem em pesquisas para respondê-las, mesmo que chegando a respostas provisórias. Abrir essa possibilidade é respeitá-las, celebrando o que são. É transformar a escola em território do brincar, da curiosidade, da criação, da invenção.

No início do filme *Asas do desejo*, ouve-se o poema "Canção da infância". Em seus versos, Peter Handke ilumina algumas questões que movem as crianças em sua paixão de conhecer o mundo:

> Quando a criança era uma criança
> era a época destas perguntas:

> Por que eu sou eu e não você?
> Por que estou aqui, e por que não lá?
> Quando foi que o tempo
> começou, e onde é que o espaço termina?
> (HANDKE e WENDERS, 2005)

O mundo por um fio

Freud (2020 [1920]) presenciou seu neto de um ano e meio brincar com um carretel de madeira atado a um cordão: ele o jogava para fora do berço e depois, puxando pelo fio, o recuperava. Esses gestos eram acompanhados de um som prolongado, "ôôôô", que foi traduzido pela mãe do pequeno por *fort* – palavra em alemão que indica que algo se foi, desapareceu – e *da*, que assinalava a volta do brinquedo.

O vovô Freud pensou que o neto sentia prazer ao ver as coisas se distanciarem e regressarem, e formulou a hipótese de que esse vai e vem do carretel encenava um desaparecer/aparecer. A partida da mãe, situação que Freud imaginava ser desagradável para o bebê, era posta em cena de modo prazeroso. O ir e vir da mãe era repetido pelo pequeno, só que desta vez era ele quem lançava e recuperava um objeto, o que lhe dava prazer.

O desaparecimento da mãe, vivido pelo bebê quando ela deixava de estar em seu campo de percepção – vivência que abala toda e qualquer pequena certeza de mundo que começa a se estabelecer para ele –, podia ser agora experimentado de uma forma menos devastadora. Antonio Prata dá um belo exemplo disso em sua autobiografia:

> Pai e mãe me beijavam, apagavam a luz: o mundo desaparecia. Como ter certeza de que voltaria a existir? De que os dois não sumiriam no breu? Que garantia tinha de que não seria levado pelos monstros que, vez ou outra, apareciam nos pesadelos – eu, que ainda não sabia o que eram monstros ou pesadelos?
> Já havia atravessado outras noites, mas não tantas para sabê-las indubitavelmente transponíveis. (A experiência, para mim, ainda estava em fase experimental.) Para cruzar as trevas, precisava de garantias, lembretes de outras viagens. (PRATA, 2013, p. 14)

A iminência de desaparição do mundo e de si tem algo de devastador. Essa palavra – devastador – pode parecer forte, mas do ponto de vista dos bebês não existe ainda a ideia de constância, por isso, muitas vezes, para embalar seu sono, fazemos movimentos ritmados ou cantamos músicas caracterizadas pela presença contínua da voz, sem intervalos de silêncio, as bem conhecidas canções de ninar. Uma delas, da dupla de músicos Paulo e José Tatit (1994), narra exatamente essa situação: "Era uma vez, uma era/ Era uma, era duas, era três/ E o mundo inteiro se fez/ E agora tudo outra vez" – o sentido da letra coincide com o que é posto em ato. Ninamos, pois, no reabrir dos olhos, o bebê reencontra o mundo, reencontro no qual ele não tem garantias de que tudo que estava ali antes de seu pestanejar permaneceu. Somos nós, os adultos, que podemos assegurar essa continuidade. A conversa de Thomé, três anos, explicita isso: "Eu prefiro dormir assim. – Assim como? Assim, com o olho aberto" (ANTUNES, 2006, p. 17).

Dialogando com esta descoberta freudiana, Benjamin (2012c, p. 271) comenta que "a essência da brincadeira, não é 'fazer como se', mas 'fazer sempre de novo', é a transformação em hábito de uma experiência devastadora". O jogo do *Fort-da* testemunhado por Freud foi pensado pelo psicanalista como uma atividade de simbolização, na qual o bebê consegue se apropriar de algo muito difícil de ser representado: a ausência. A hipótese formulada coloca que o brincar é o gesto de criação da criança, mesmo aquela muito pequena, para se assenhorear de uma situação em que algo falta. Brincar e falar são construções engendradas nesse intervalo.

Nesse jogo, é o bebê quem lança um objeto e emite o som – ôôôô/daaaa. Há uma série de ações conjugadas neste gesto: ele ativamente busca lançar e reaver o carretel; há um objeto que representa um outro (a mãe) e há a intenção de designar, com o uso da palavra, o acontecimento. Dessa vez, é ele quem comanda aquilo que foi vivido a despeito de sua vontade, quando a mãe se ausentou. E ele faz mais, substitui essa ausência por um brinquedo e usufrui da palavra para nomear esse vaivém.

Diferentemente das canções de ninar, existem aquelas que propõem escansões e que funcionam como convites para as manifestações das crianças. Pode ser o momento em que batemos palmas com as crianças, como em "Bate palminha, bate"[4], ou quando o adulto faz cócegas na barri-

---

[4] O adulto canta: "Bate palminha, bate/ palminha de São Tomé/ Bate palminha, bate/ Pra quando papai vier". No início, é o próprio adulto que bate as mãozinhas da criança, até que ela mesma o faça.

ga do bebê, como em "Cadê o toucinho que estava aqui?"[5] – estas são as canções de brincar! Uma das coisas que os brincos, essas brincadeiras ritmadas que os adultos fazem com os bebês, põem em cena é o intervalo que existe entre quem convoca e o convocado ao jogo. Esse intervalo precisa ser sustentado para que a criança possa marcar sua presença ali. Às vezes é o bebê que bate com o indicador na palma da mão, chamando a mãe para cantar *Meu pintinho amarelinho*, e acompanha a canção com os gestos; outras, é o adulto que aponta para as partes do rosto do bebê – olhos, boca e nariz – dizendo: "Janela, janelinha, porta, campainha – ding-dong!". Interessante notar que os brincos e as canções de ninar existem em todas as culturas.

O jogo do *Fort-da*, observado e teorizado por Freud, fala da inauguração do brincar simbólico, pois é na alternância entre a presença e a ausência que o bebê poderá ter uma manifestação própria: um apelo, uma brincadeira. Quando a mãe está ausente, se abre um espaço no qual a criança poderá colocar outra coisa em seu lugar, algo que possa representá-la. Aceder ao mundo da fala é usufruir essa possibilidade: podemos nos referir a alguém que já se foi, a quem ainda não conhecemos, ou até a um filho que talvez um dia venha a ser nosso.

---

[5] Pega-se na mão da criança com a palma virada para cima e toca-se em cada dedinho, começando pelo mínimo, recitando: "Dedo mindinho, seu vizinho, pai de todos, fura-bolo, cata piolho". Ao chegar na palma da mão da criança, o adulto pergunta: "Cadê o toucinho que estava aqui?". Ele mesmo ou a criança responde: "O gato comeu!". Imitando um rato, o adulto caminha com os dedos pelo braço da criança até o pescoço ou a barriga, fazendo cosquinhas, dizendo: "Lá vai o rato atrás do gato, lá vai o rato atrás do gato...".

Entre tempos: o jogo como construção da criança

O pediatra e psicanalista inglês Donald Winnicott atendeu crianças pequenas por muitos anos em seu consultório. Mesmo antes de se tornar psicanalista, já pensava na clínica pediátrica, as formas como o bebê interagia com seu entorno e a importância do ambiente para seu crescimento saudável. Em um conhecido trabalho, ele relata algo que considerava corriqueiro nas consultas regulares em que, normalmente, a mãe levava o bebê ao médico.

Winnicott descreve a cena: em uma sala grande, há uma mesa na qual ele se senta de um lado, e a mãe, segurando seu filho no colo, do outro. Sobre a mesa há uma espátula, daquelas de examinar gargantas que, na época, era feita de um material metálico e esterilizável, diferente das descartáveis de hoje em dia. Invariavelmente, a atenção do bebê recaía sobre o objeto brilhante que estava ao alcance de sua mão.

Após um período de hesitação, os bebês costumavam alcançá-la e enfiá-la na boca, saboreando-a com as gengivas. Depois dessa exploração, era comum que eles convidassem o médico ou a mãe para que também experimentassem a espátula, gostando muito quando os adultos encenavam que estavam recebendo comidinha. Winnicott (2000, p. 114) enfatiza que a intenção do pequeno, nesses casos, é a de brincar "de nos dar comida na boca, não gostando nem um pouco se formos estúpidos a ponto de pôr a espátula na boca, estragando a brincadeira enquanto brincadeira". Após certo tempo, os bebês deixavam a espátula cair e, quando o adulto lhes entregava de novo o objeto, eles repetiam seu gesto, até que, finalmente, se desinteressavam e direcionavam sua atenção para alguma outra coisa que estivesse nas imediações.

Gostaríamos de destacar dois pontos, extraídos da intensa experiência clínica de Winnicott. O primeiro é sublinhado pelo próprio autor e ganhou o nome de "período de hesitação", momento em que o bebê titubeia diante do objeto, enquanto os adultos, que já perceberam seu interesse, por vezes se apressam em ajudá-lo, colocando a espátula em sua boca – o que, segundo o pediatra, pode causar algum tipo de desconforto ou aflição no pequenino. Como se o adulto, já adivinhando as intenções da criança, lhe quisesse encurtar o caminho para chegar à satisfação. Só que o bebê, que ainda não tem o mesmo repertório, não está de olho na espátula por sua utilidade, uma vez que não sabe de antemão que aquele ato será prazeroso.

O interesse está no desconhecido e no enigma que se abre na sua relação com os objetos que estão pelo mundo. O bebê é investigador das bordas e limites, até porque, como vimos anteriormente, ele está explorando e conhecendo a diferença entre ele e tudo aquilo que é não ele.

O segundo ponto, recolhemos de uma frase em meio a um dos parágrafos do texto. Winnicott assinala que as mães costumam perceber sua intenção em acompanhar o interesse do bebê pela espátula e complementa que é fácil fazê-las entender que

> haverá um período durante o qual tanto eu quanto ela contribuiremos tão pouco quanto possível para o desenrolar da situação, de modo que seja fácil atribuir à criança o que quer que aconteça. (WINNICOTT, 2000, p. 113)

É preciso a presença e participação do adulto, contanto que seja na medida mínima e necessária, para que o bebê não só alcance o objeto, como também se sinta autor desse gesto. Essa maneira de propor a relação do adulto com o bebê terá consequências quando formos pensar a função do educador de crianças pequenas: o adulto, em sua leitura da situação, se oferece ali onde o bebê precisa, para que o advento seja vivido, por ambos, como uma construção da criança. Isso se estende para todas as conquistas do bebê, inclusive a dos movimentos de rolar, sentar-se, engatinhar, pôr-se de pé, nas quais existe uma expectativa antecipada por parte dos adultos.

Pensando dessa forma, termos como protagonismo ou o clássico par ativo/passivo perdem a importância. O que essas articulações teóricas nos contam é que, sendo interesse do adulto que a criança possa experimentar o ambiente em segurança e extrair disso saberes que não conhecia, ele pode organizar sua presença de modo a restituir à criança a autoria do gesto – mesmo que este tenha sido forjado com a sustentação de um adulto atento ao bebê e tudo que o rodeia.

Voltando ao tema da alternância entre presença e ausência, o que está em jogo aqui é a possibilidade de o adulto sustentar um intervalo no qual o gesto da criança venha a se inscrever. Sustentar o intervalo exige do adulto que ele esteja atento e que possa se apresentar ao bebê sem a pressão de ter que garantir que tudo dará certo sempre, como advertiu Winnicott, ao falar da vontade do adulto em fazer pelo bebê.

Percebemos, nas escolas, um movimento das professoras no sentido de antecipar algumas ações dos bebês e crianças bem pequenas, como quando o bebê olha e tenta alcançar um chocalho que está um pouco distante dele.

O impulso das educadoras pode ser trazer o chocalho para perto. Mas, ao fazê-lo, suprimem o intento do pequeno. A espera e a escuta atenta propiciam que os adultos acompanhem o desenrolar das cenas, participando quando necessário. Dessa maneira, a potência da criança é respeitada e, ao mesmo tempo, ela recebe o apoio imprescindível.

Como as crianças chegam ao faz de conta?

"Tá bom que agora eu era...?" – assim começam muitas brincadeiras de faz de conta entre as crianças. O faz de conta é o brincar por excelência, o modo de as crianças serem e estarem no mundo. Elas brincam sozinhas ou coletivamente e tecem fabulações, ficções de si mesmas, para entender a vida, narrando mundos: são super-heróis, bombeiros, príncipes e princesas, piratas, professores, caçadores, familiares, animais. Exploram e experienciam os papéis sociais, as potências e as vulnerabilidades de personagens, apropriando-se de maneiras de ser. Ao fabular, elas podem lançar mão de explicações mágicas sobre fenômenos, criando hipóteses sobre o funcionamento do mundo, como Thomé, que, aos três anos, expressa que "o mar tem tanta água que a areia nem consegue beber" (ANTUNES, 2006, p. 18).

Quando as crianças brincam juntas, são necessárias as negociações dos papéis e das narrativas para que o jogo aconteça, o que significa o reconhecimento da existência dos outros – novamente a alteridade se faz presente. Um exercício constante de escuta e resolução de conflitos, em que se põem em jogo as aprendizagens da vida coletiva, do convívio social. É preciso ouvir o outro, considerar, expressar-se e ceder para que a brincadeira de fato aconteça.

Os bebês trilham uma longa vereda para chegarem ao faz de conta, jogo que conjuga o tempo passado, presente e futuro de forma tão inusitada quanto aquela da frase que abriu esse tópico: imagina que eu era... um dragão, a mamãe, um gatinho. O jogo do *Fort-da* é o abre-alas desse tempo em que o brincar simbólico pode ser usufruído em toda sua plasticidade: os bolos de terra, os figurinos de personagens, a brincadeira de escolinha – é fácil lembrarmos de momentos em que o faz de conta reinou nas brincadeiras das crianças e, muitas vezes, cenas engraçadas entram no folclore familiar ou encorpam o relatório enviado para a família pela escola. São cenas curiosas, como quando uma criança pequena foi perguntada se queria provar espinafre e respondeu que já tinha feito isso *de mentirinha* e não tinha gostado!

Mas, antes desse momento, podemos dizer que as crianças brincam? Bem, essa é uma pergunta retórica, pois Winnicott já nos advertiu que é claro que os bebês brincam, até mesmo com uma espátula fria e brilhante, basta que nós adultos não exageremos em nosso anseio de tudo prover. Antes de o faz de conta ser formalizado enquanto tal, os bebês usufruem de jogos constituintes do sujeito, precursores do faz de conta, o brincar próprio do tempo de ser e se fazer bebê.

A psicanalista Julieta Jerusalinsky (2011) se dedicou ao tema e recortou alguns exemplos de brincar no qual os bebês criam alternativas para enfrentar o que abordamos como sendo um desencontro entre o que o adulto vê quando antecipa ao bebê uma imagem unificada e a percepção que ele mesmo tem de habitar um corpo fragmentado – algumas falas de crianças dão testemunho disso, quando, por exemplo, afirmam que "minha barriga está com fome" ou justificam que foi sua mão que bateu no colega, e não ela.

Uma cena corriqueira é o interesse dos bebês pelos orifícios, seja a própria boca, a do adulto, uma casa de botão ou a tomada nas paredes. Nesse interesse, eles desenham com gestos as fronteiras desses contornos. Os limites são experimentados quando se deslocam pelo espaço, se aventuram a escalar desníveis, de modo a fazer com que as bordas sejam estruturas instigantes. É um primeiro tempo de experimentação em que o pequeno joga com a dimensão da continuidade e descontinuidade, extraindo disso saberes que não tinha antes.

Testemunhamos um exemplo do trabalho investigativo dos bebês em uma creche. As educadoras haviam preparado um cenário com várias caixas de papelão dispostas pelo espaço, como se fossem tocas, ou seja, a abertura ficava na lateral, funcionando como uma entrada. Um bebê estava sentado dentro de uma delas e, ao se levantar, sua cabeça encostou no teto de papelão. Olhou para o teto surpreendido e voltou a se sentar. A par e passo, agachou-se para sair da toca, desta vez, sem esbarrar a cabeça no teto. Já do lado de fora, voltou-se para a toca da qual saiu e seus olhos estavam na altura do teto. Sentado, ele cabe na caixa; de pé, é bem maior. O pequeno investiga seu tamanho, busca conhecer o espaço que seu corpo ocupa no contexto das caixas, acomodando seu movimento para sair de uma delas.

Um dos jogos precursores do faz de conta mais importantes e recorrentes foi também descrito por Freud –

no texto a que já fizemos referência, no qual ele apresenta suas observações sobre o *Fort-da*: é o jogo de lançar objetos. Pode ser o brinquedo, o paninho, a colher do almoço, qualquer coisa vale, contanto que o adulto que esteja por perto se dedique a recolher os itens lançados e entregá-los de volta ao bebê, para que, na sequência, toda a cena se reinicie, é claro! Essa ação efetiva o mesmo princípio de flertar com a continuidade e descontinuidade, como já falamos anteriormente. Além disso, essa brincadeira lança luz sobre o papel do adulto em garantir o brincar. A criança brinca e isso acontece com o árduo trabalho do adulto, que sustenta essa possibilidade.

Outra brincadeira frequente é a que chamamos de "cadê-achou". Nela é operada uma descontinuidade do olhar entre o adulto e o bebê, pois as mãos ou mesmo paninhos são usados para esconder o rosto, seja do bebê, seja do adulto. Para esse jogo acontecer é necessária a presença do adulto e que a descontinuidade instaurada não seja excessivamente prolongada, de modo a não gerar angústia no pequenino. Antonio Prata viveu esse jogo em um passeio à praça com seu filho Daniel:

> Te coloquei numa ponta do túnel, fui andando em direção à outra, sumi de vista por uns segundos e você deu uma resmungada, achando que eu ia te abandonar ali, mas então me agachei e apareci do outro lado. Você achou aquilo hilário – "O cara tava aqui, sumiu e apareceu lá!" –, deu uma gargalhada e veio engatinhando até mim.
> Fui te pegar no colo, mas você se esquivou e olhou pra outra ponta. Entendi a brincadeira, corri até a

outra ponta, me agachei. Você me viu, gargalhou de novo – "Agora o cara tá do outro lado! Que loucura!" –, foi até lá, me mandou voltar e nós ficamos perdidos nisso pelo que me pareceram horas: eu aparecia numa ponta do túnel, você engatinhava até lá, eu corria pra outra, você vinha de novo. (PRATA, 2016, p. 222)

Pai e filho acessam a dimensão do tempo sem tempo, *aion*, importando menos quantos minutos se passaram do que a experiência vivida. É o prazer compartilhado pelos dois que nos conta que ali houve uma brincadeira. Atento ao filho, Prata sustenta a autoria do jogo de Daniel, engajando-se.

Julieta Jerusalinsky (2011, p. 251) elucida que "o jogo de produzir ausência-presença ocorre efetivamente com o outro e não pelo brincar do bebê com um objeto substitutivo" – quando ela fala do objeto substitutivo, está fazendo alusão ao jogo descrito por Freud, em que o carretel representa a mãe que se ausentou.

Como é possível perceber, em todos esses jogos precursores do *Fort-da* – do brincar simbólico propriamente dito – há lugar para o adulto. Ao entender que ali o bebê se exercita subjetivamente – cria, chama, investiga, conhece –, o adulto atribui ao pequeno a autoria dessas produções. Outra característica presente nessas brincadeiras é a repetição, que faz com que esses jogos sejam propostos ou solicitados pela criança reiteradamente, que demonstra satisfação, experimentada justamente na recorrência do já conhecido. Ao brincar, o bebê investiga a permanência das coisas. É por esse motivo que muitas vezes os jogos são repetidos, há um prazer em saber o que vai acontecer ao final: "Ufa! A mamãe apareceu de novo por detrás do paninho!". É um alívio perceber que o mundo não é construído a cada vez, mas tem permanência. A repetição é um pedido reiterado das crianças: "canta de novo; conta de novo!".

> Ouvir uma história conhecida: o mesmo enredo e, apesar de todas as dificuldades enfrentadas pelo herói, o mesmo desfecho nos esperando, lá no fim. Seu êxito repetido me sugeria a continuidade das coisas. Assim como ele, eu já tinha enfrentado o iminente fim do mundo e depois acordado – tudo haveria de dar certo. (PRATA, 2013, pp. 14-15)

No brincar constitutivo dos jogos simbólicos acontece a experimentação do mundo: o bebê cria e recria suas bordas, contornos, descobre constâncias e a própria temporalidade. O jogo de expectativa acontece no espaço entre bebê e adultos, por meio de uma música; dos dedos do adulto percorrendo o corpo do bebê, como se fosse uma formiguinha; da leitura de livros que têm janelinhas a serem abertas para se conhecer o que se esconde atrás, ou do suspense do que aparecerá na próxima página. "A borda temporal que esse jogo tece não diz respeito a um tempo do relógio, mas a um tempo de espera e precipitação, de expectativa e realização" (JERUSALINSKY, 2011, p. 254). Os adultos esperam que o pequeno se faça presente, coloque sua voz, seu corpo e, quando isso acontece, é uma grande alegria.

Esses jogos fomentam a troca de prazer – é o prazer que faz os olhos do adulto e do bebê brilharem, quando o pequeno joga um brinquedo e o adulto vai buscá-lo. Ver o papai aparecer na ponta do túnel é gostoso; mas vê-lo se regozijar com a expressão de felicidade do bebê, como dizia uma peça publicitária divulgada nos grandes canais de televisão brasileira, isso não tem preço.

Mas o que é o brinquedo? Benjamin (2012d) trata do tema em um ensaio intitulado a "História cultural do brinquedo", de 1928. Ele inverte a equação quando afirma que não é o brinquedo que determina a brincadeira, é o brincar que faz de um objeto qualquer um brinquedo. Afinal, quem fabrica e presenteia as crianças com brinquedos são os adultos, de modo que aqueles que encontramos espalhados nas vitrines das lojas contam mais sobre os valores de determinada sociedade do que sobre a experiência subjetiva envolvida no brincar.

A troca prazerosa entre adultos e criança acontece tendo o corpo do bebê como primeiro suporte desse jogo. Basta lembrarmos como um bebezinho de menos de um ano estufa a barriga para que a mamãe lhe tasque mais um beijo. Como afirma a psicanalista Marie-Christine Laznik (2004), o bebê se faz beijar, provocando o adulto. Nisso, há um circuito de prazer ao qual fizemos referência: a mãe busca a alegria do bebê, que, por sua vez, se alimenta do prazer que a mãe demonstra ao brincar com ele. O toque pode fazer cócegas e produzir o riso, mas há algo mais: o brilho nos olhos, a provocação da barriga estufada, que pede corporalmente para que o adulto dê mais uma beijoca...

Somente depois um objeto que não seja o próprio corpo vai aparecer para se somar como brinquedo. Ele pode ser reconhecido socialmente e formalmente como um brinquedo — uma boneca, por exemplo —, ou ser apenas o embrulho barulhento que envolvia a caixa. Até que, plenamente inserida na cultura que a abraça, a criança irá explorar o campo de representações que envolve uma boneca, fazendo-a dormir e comer. O brinquedo tem sua importância, mas o gesto do bebê será soberano: é ele quem dará vida ao que o artefato carrega em potência. Sem o brincar, como disse Benjamin (2012d, p. 266), o máximo que um brinquedo faz é atestar "um diálogo mudo, em signos, entre a criança e o povo".

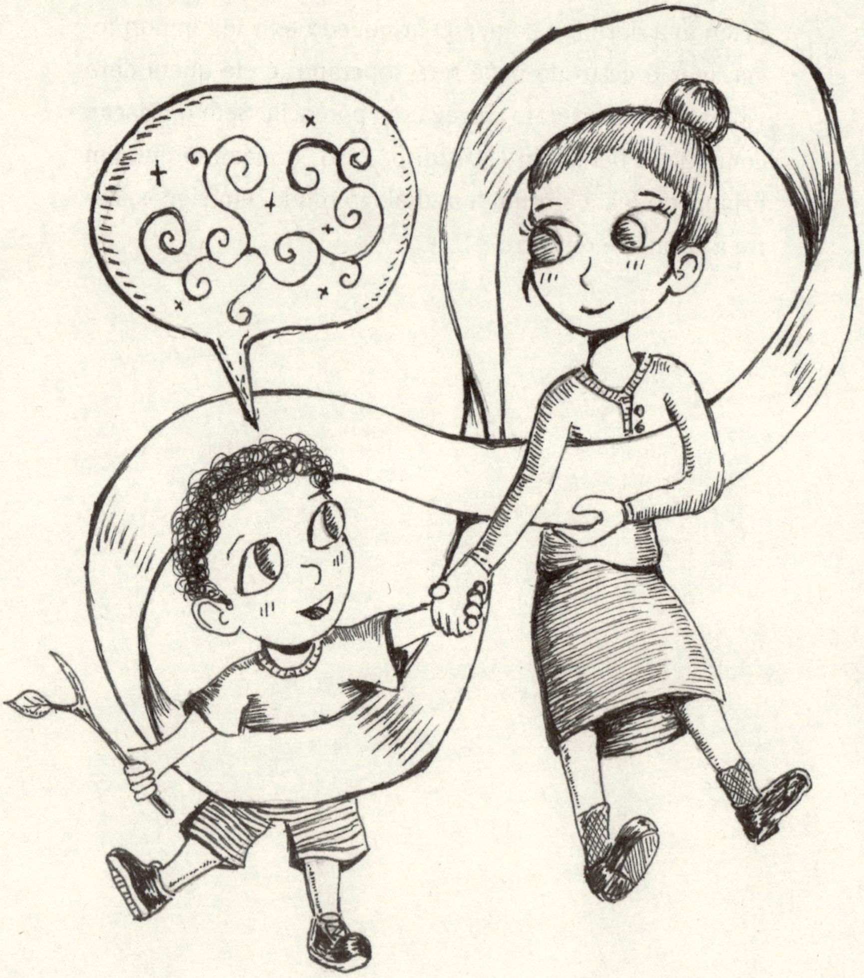

VENHA CONHECER O MUNDO!

> *Nosso conhecimento não era de estudar em livros.*
> *Era de pegar de apalpar de ouvir e de outros sentidos.*
> *Seria um saber primordial?*
> *Nossas palavras se ajuntavam uma na outra*
> *por amor e não por sintaxe.*
>
> Manoel de Barros (2010, p. 450)

Retomemos a cena inicial deste livro, em que propúnhamos acompanhar a chegada de uma criança à escola, do seu próprio ponto de vista. Ela vem pelas mãos de um adulto conhecido, que vai entregá-la aos adultos da escola, que, por sua vez, lhe fazem o chamado: Venha conhecer o mundo! Olhemos, agora, da perspectiva da escola. Ao fazer esse apelo, a escola abre espaço para que as crianças indaguem, investiguem, descubram, criem narrativas sobre um universo ainda desconhecido, que elas significarão com base em suas experiências. A escola assume seu significado de "tempo livre".

No primeiro capítulo, discutimos o sentido da noção de experiência, o quanto ela é singular para cada um, impalpável, incontrolável e condicionada ao encontro com o outro. O adulto apresenta o mundo para as crianças e as acompanha em suas explorações, com atenção. Desse modo, o professor sustenta a possibilidade de as crianças criarem sentidos e significados e, assim, serem capazes de narrar-se, pois elas carregam consigo a potência da palavra.

É também na escola que as crianças vão sair de seu universo individual ao fazerem novas amizades, conhecendo outras crianças, diferentes formas de viver. Antonio Prata conta que, quando pequeno, vivia em uma vila na qual as casas tinham a mesma distribuição de espaços. Ele nos transporta para sua memória de infância e tece considerações a respeito de seu encontro com a alteridade:

> Nada me causou mais estranhamento, na infância, ou depois, do que visitar as casas dos meus vizinhos – primeiro e definitivo contato com a alteridade. As plantas dos sobrados eram idênticas, mas a ocupação variava: na casa do Henrique, por exemplo, a televisão estava onde deveria ficar o sofá, o quarto dele era onde, lá em casa, ficava o quarto dos meus pais e vice-versa. Sem falar na casa do Rodrigo, onde os pratos eram azuis. Como poderiam não saber que pratos são brancos?
> Tinha pena dos outros, hereges, vivendo errado.
> (PRATA, 2013, pp. 11-12)

Seguindo na imagem criada pelo autor, podemos pensar que conhecer a própria casa e acessar a noção de espaços que são destinados para atividades distintas – a comida fica na cozinha, o lugar do xixi é no penico, que fica no banheiro – já é o bastante. Não obstante, restringir-se ao já conhecido pode fixar um modelo único que pautaria nossas concepções. Quando entra na casa dos vizinhos – e a própria ideia de vizinhança já propõe um corte de proximidades socioeconômicas e culturais –, ele concretiza as diferenças: como seria possível que a família de Rodrigo não soubesse que o certo era que os pratos fossem brancos, como acontecia em sua casa, provavelmente na de seus avós e, também, na dos tios mais próximos?

O mundo dos pequeninos tem suas fronteiras expandidas quando eles saem de casa, quando se relacionam com outras pessoas e formas de viver que não aquelas a que estão habituados. Considerar que as relações humanas são construídas a partir do princípio da alteridade, mostrar isso para as crianças e acolhê-las em suas peculiaridades no movimento de apresentá-las ao mundo é a tarefa da escola. Como, então, receber e educar as crianças para que isso se efetive? Vamos retomar alguns aspectos importantes a esse respeito e alinhavá-los, tendo como objetivo dialogar com a função da educação no âmbito próprio da Educação Infantil.

Experiência e sentido

Larrosa (2016) afirma que não é fértil valer-se, na educação, do par teoria e prática. A cisão teoria e prática é bastante conhecida em nossa sociedade e se reflete na desqualificação do corpo e dos trabalhos manuais, pelo cultivo da ideia da superioridade do trabalho intelectual em relação ao manual. Em geral, há uma valorização da escolha de tornar-se um engenheiro em vez de um mecânico, pois o primeiro trabalha com projetos e computadores, enquanto o segundo, com as mãos. Entretanto, é no e com o corpo que aprendemos. Mais ainda na Educação Infantil!

O autor propõe que a educação seja pensada com base no par experiência e sentido, o que leva a subjetividade ao centro da aprendizagem. Assim, a escola passa a ser lugar de encontro de subjetividades e – também – de subjetivação, como vimos no segundo capítulo.

A Educação Infantil faz parte da Educação Básica, mas difere dos outros segmentos até na nomenclatura. Enquanto as escolas das crianças de seis anos em diante e dos adolescentes recebem o nome de ensino (Fundamental e Médio), o atendimento escolar das crianças com idade abaixo de seis anos é denominado educação. Por que essa diferença?

A palavra ensino vem de *insignare*, do latim, e significa colocar uma marca ou sinal em. O foco do ensino é o domínio dos conhecimentos básicos, e vemos como isso se traduz no currículo do Ensino Fundamental e do Médio. Nesses segmentos, a BNCC se organiza por competências, visando, em grande medida, o mundo do trabalho. Competência é definida como

> a mobilização de conhecimentos (conceitos e procedimentos), habilidades (práticas cognitivas e socioemocionais), atitudes e valores para resolver demandas complexas da vida cotidiana, do pleno exercício da cidadania e do mundo do trabalho. (BRASIL, 2018, p. 8)

Nesse documento, a subjetividade é pensada em termos de competências socioemocionais. Claro que essa concepção pode e deve ser discutida, mas nos interessa mostrar aqui o estatuto que a denominação *ensino* ganha nas políticas públicas atuais.

Já o termo educação deriva do verbo *educare*, também do latim, cujo sentido é criar (uma criança), nutrir, fazer crescer. Educação, então, pode ser entendida como "fazer a criança passar da potência ao ato, da virtualidade à realidade" (MARTINS, 2005, p. 33). No caso da Educação Infantil, ela é o ambiente privilegiado das relações, é o lócus em que as crianças aprendem a se relacionar consigo mesmas, com os adultos, com outras crianças e com o mundo. Não à toa, a BNCC da Educação Infantil se organiza em campos de experiências, marcando a diferença em relação aos outros segmentos, mesmo que não traga a discussão acerca do que entende por essa noção, como já apontamos.

Ao trabalhar com o par experiência e sentido, o professor assume seu papel de coordenador de grupo, que promove um lugar em que as crianças possam ser elas mesmas e, ao mesmo tempo, exercitem viver no coletivo. Nessa tarefa, tece um ambiente de respeito e aceitação, uma teia de relações que constituem o coletivo.

Podemos explorar a ideia de coletivo usando a metáfora da rede de pesca. A rede é constituída por nós – termo tanto entendido no sentido do pronome da primeira pessoa do plural quanto do plural do entrelaçamento de fios, cujas extremidades passam uma pela outra, apertando-se. Muitas vezes, vemos essas amarrações, os nós, como algo a ser desfeito, um problema a ser resolvido. Entretanto, esses nós – os conflitos, os debates, as argumentações – sustentam a trama da rede. Nesse sentido, a rede se estrutura pelos nós, pelas interações.

O trabalho do professor é artesanal. Zelar pela trama dos fios que constituirão a rede de relações em que as crianças vão aprender a conviver e a descobrir o mundo significa estar aberto para a imprevisibilidade típica dos laços humanos. Se cada um é um, não é possível saber de antemão como reagirá. Trabalhar com o humano implica pôr sua subjetividade em jogo todo o tempo.

Para fazer frente à homogeneidade à qual a pedagogia apela, revelada também pelo uso das palavras no singular – a criança, a aprendizagem, o ensino, o aluno –, os professores necessitam realizar um

> exercício efetivo e epistemológico de suspender conceitos, certezas ou gestos aprendidos como parte da própria história da infância para dar lugar à diferença e, também, a uma leitura mais ética do mundo. (LÓPEZ, 2018, p. 29)

Tal exercício permitirá a eles promover condições para a ocorrência da experiência. Para isso, é necessário estar atento, escutar, observar, dialogar. Escuta que não se resume à audição, mas inclui a ação das crianças; escuta sensível diante do assombro delas. Adriana Friedmann explica por que as escutar:

> Escutar para conhecer o outro, para reconhecer sua singularidade, sua potência, seus interesses, necessidades e emoções. E poder, assim, repensar nossas atitudes e respostas com relação aos outros. Aquele que escuta, silencia, observa, coloca-se a serviço do outro, respeita, acolhe. Abre-se para aprender, para o desconhecido, para o inesperado. Está presente. (FRIEDMANN, 2020, p. 134)

Escutar as crianças, estar aberto para suas expressões, considerar a alteridade de suas colocações, suas maneiras de enxergar o mundo, significa criar um ambiente respeitoso, confortável, em que elas percebam a valorização de suas ações, o acolhimento de seus tempos e brincares. Significa, também, que, mesmo que o professor tenha uma posição de saber, que funda e constrói a relação educativa, ele pode se deixar marcar, e frequentemente aprende e modifica-se no encontro com seus alunos. Deixar-se marcar é diferente de marcar ou de ser marcado. Como em uma dança de salão, um conduz e o outro se deixa conduzir, de modo fluido, em prol da própria dança e do prazer que ela propicia.

A escuta coloca a ênfase em se deixar marcar, fala de um acolhimento dos vestígios do outro, em si. Mas ela não é um fim em si mesmo: o que se engendra como resposta do lado do adulto funciona como testemunho de que houve escuta. Em psicanálise, falamos muito desta noção – a escuta do analista –, mas será em suas intervenções que ele poderá fazer incidir, na relação terapêutica, o que foi escutado.

Na relação educativa não é muito diferente: aquilo que foi escutado pelo professor poderá ganhar a forma de uma ideia nova; um convite para que alguma outra criança se some à brincadeira; uma pergunta interessada em saber um pouco mais sobre o que acontece ali; uma interdição que visa cessar algum conflito; ou até mesmo um silêncio – pausa atenta ao que ainda está por vir. Como disse Hannah Arendt (2007), ao professor cabe a responsabilidade de zelar pelas crianças e pelo mundo, a um só tempo. Por isso, escuta é ação que se presentifica em atos educativos e não significa submeter-se ao império infantil.

Escola: lugar de subjetividades

Com seu apelo para que venham conhecer o mundo, a escola se aproxima da função paterna. Ela é diretiva: estabelece o que pode e o que não pode, veiculando a lei simbólica que define que a liberdade de cada um termina onde se inicia a liberdade do outro. A lei simbólica é primordial para a socialização. Exercê-la é um papel que os professores desempenham muito bem e são claramente compreendidos pelas crianças desde por volta dos dois anos. Nisso, a rotina diária é mestra: há a hora da chegada, a hora da conversa, a hora do lanche, a hora do parque, a hora da saída.

Entretanto, a entrada de crianças muito pequenas na creche exige que os professores também desempenhem a maternagem, ou seja, não basta colocar limites, mas é necessário, antes de tudo, abrigar o processo de subjetivação dos bebês. Não se trata de assumir o papel da mãe, nem de rivalizar com ela, mas de tomar emprestada certa qualidade no trato, por meio do atendimento das necessidades – objetivas e subjetivas – de cada um deles. Supor ali um sujeito, falar com ele, lê-lo, enfim, estabelecer um laço com o bebê significa promover um campo de proximidade e afetação.

Na Educação Infantil temos como desdobramento da cisão entre teoria e prática a separação entre cuidar e educar. Historicamente, o cuidar foi assimilado ao manuseio do corpo do bebê e entendido como se fosse uma arte menor em comparação ao educar. Como explicita a psicanalista Rosa Mariotto (2009, p. 16), nessa separação há o entendimento da noção de cuidado como o "trabalho dispensado ao corpo e às suas funções fisiológicas e instrumentais", enquanto educar "refere-se à entrada do pequenino no mundo formal do conhecimento pedagógico".

As relações entre cuidar e educar não precisam ser tomadas do ponto de vista de uma distinção e valoração – o que nos obrigaria a descortinar as bases classistas nas quais o ajuizamento se forma. Elas podem ser também entendidas como ações que se ligam e, mais ainda, implicam-se mutuamente.

Para falar dessa ideia, propomos uma atividade que demonstra como coisas tomadas como opostas – os dois lados de um bracelete, por exemplo – podem ser subvertidas e conectadas. Estamos nos referindo à fita de Möbius, uma figura geométrica que foi proposta pelo matemático alemão August Ferdinand Möbius, que viveu entre 1790 e 1868.

FITA DE MÖBIUS

Para fazer uma fita de Möbius, vamos precisar de papel, tesoura, fita adesiva e pelo menos uma caneta ou lápis para colorir. Pegue uma tira de papel de aproximadamente três centímetros de largura – pode ser uma tira de sulfite. Sugerimos que pinte um dos lados da tira da cor escolhida, para ter melhor visualização. Então, gire uma de suas extremidades, fazendo uma semitorção, e junte as duas pontas com a fita adesiva.

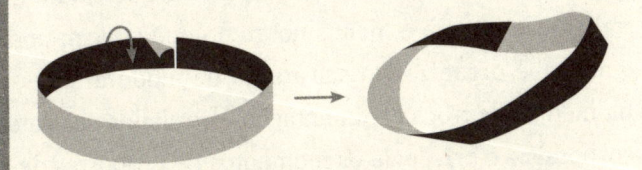

Coloque seu dedo onde as extremidades se encontram e, a partir daí, deslize-o pela superfície da banda. O que aconteceu no caminho percorrido? É possível perceber a parte de cima e a de baixo? O direito e o avesso?

Venha conhecer o mundo!

Vamos trazer para nosso debate essa noção de uma superfície formada por dois lados que se unem de tal forma que a percepção que decorre é de continuidade, e não de oposição. Se de um lado escrevemos o termo cuidar e do outro educar, com a torção proposta e a união das extremidades o efeito que obtemos é a transição fluida do "lado cuidar" para o "lado educar" – a fita de Möbius modifica nossa maneira cotidiana de representar o espaço, pois o avesso e o direito estão em continuidade, uma vez que ela tem um lado único. Ao articularmos cuidar e educar *moebianamente,* podemos propor que, na ação do professor, esteja implicado um gesto contínuo: educamos cuidando e cuidamos educando (MARIOTTO, 2009).

Como decorrência dessa subversão espacial, depreendemos um entendimento sobre a ação do professor que poderá estar inspirada pela visão clássica, ancorada na separação do cuidar e educar, ou na que trazemos aqui, que propõe uma junção entre eles. O modo como o professor se implica em seu trabalho terá consequências na leitura que poderá fazer das solicitações do bebê. Se, por exemplo, a educadora carrega a concepção de que cuidar é mais trabalhoso ou que é menos nobre do que educar, pode ser que acabe organizando sua rotina de modo a apressar os momentos de troca e alimentação – atrelados aos cuidados corporais – e privilegie os momentos de propostas de atividades para o grupo-classe, pois ali estaria em jogo o sentir-se professor de fato.

Uma fralda molhada será entendida como algo a ser apenas eliminado, segundo os tempos ditados pelo relógio da rotina. Sem dúvida, a rotina deve ser considerada, pois sabemos que o cotidiano nas escolas é agitado. No entanto, uma fralda molhada também conta que esse corpinho produz líquidos, produz mudanças no mundo que o cerca, produz uma proximidade do professor com o corpo de um bebê que, apoiado no trocador, pode ver o educador, o móbile, a janela de outro ângulo. Deixar-se interrogar pelo que o bebê experiencia nesses momentos é uma forma de articular o cuidar e o educar na prática escolar.

Assim, é possível que os educadores assumam a posição subjetiva de fazer com as crianças, em vez de fazer para elas. Fazer entendido não como tarefa, mas enquanto linguagem que implica encontro, troca e sentido. Graciela Crespin sintetiza: "quando o *fazer* é concebido como puro fazer, a questão do *ser* não se coloca" (2016, p. 34, grifo da autora). Ou seja, quando o fazer é concebido meramente como tarefa, a criança é vista como objeto de cuidados.

Na escola, é importante que haja uma mudança de paradigma: em vez de objeto de cuidados, a criança deve ser vista e tomada como sujeito. Ao contrário de uma lista de tarefas a serem cumpridas, listas de planejamento, o educador precisa estabelecer uma relação investida com as crianças, na qual "o outro não dispensa cuidados que representam apenas tarefas em seu uso do tempo, mas *faz algo para alguém*" (CRESPIN, 2016, p. 37, grifo da autora) – isso significa que há uma relação investida de afeto, com a presença de um adulto implicado, engajado em uma relação de troca com os pequenos, na qual o educador não somente faz, mas também se dirige à criança, falando com ela e esperando que ela, também, a seu modo, possa falar.

Brincando, as crianças narram mundos

Já está disseminada a ideia de que as crianças, na Educação Infantil, têm o direito de brincar. Entretanto, é bem frequente ainda nos depararmos com professores que não têm clareza de seu papel quanto a essa ação das crianças. Soma-se a isso a assimilação deformante de que, se a criança brinca para apreender o mundo, então a escola pode "usar" o brincar para a aquisição de conteúdos pedagógicos – as atividades lúdicas dirigidas propostas por um educador, comumente chamadas de brincar dirigido, e que são contrapostas ao brincar dito livre. O brincar, tal qual o abordamos aqui, é entendido como atividade subjetiva e subjetivante do bebê e da criança, é ação de construção e experimentação de si, do outro e dos acontecimentos do mundo.

Percebe-se, de maneira geral, que nas escolas o brincar ganha espaço nos momentos de parque ou de lazer, como uma concessão, pois ele não pode ser controlado, quantificado – que é o que frequentemente se solicita dos professores, uma vez que, como sublinham as pesquisadoras e professoras universitárias Barbosa e Richter, nos dias atuais,

> a educação escolar enfrenta o impasse da exigência de responder quantitativamente à sociedade nos aspectos materiais de seus conteúdos padronizados e objetivos planificados a partir de escores. (BARBOSA e RICHTER, 2015, p. 487)

Entretanto, é fundamental lembrarmos sempre do que afirma Paulo Freire (2000, p. 47): "ensinar não é transferir conhecimento, mas criar as possibilidades para sua própria produção ou a sua construção".

Então, qual é o papel dos professores com relação ao brincar? O brincar é um ato subjetivo do bebê e, também, do adulto. É na relação do bebê com o educador que esse ato será acolhido como uma forma de expressão de suas vivências singulares e de apreensão do mundo. Ao educador cabe o trabalho de abrir-se para a presença do bebê, e isso exige dele uma atitude de espera interessada, nem passiva nem ativa, mas disponível.

No retorno às aulas presenciais, ainda no período da pandemia de Covid-19, ouvimos algumas professoras da Educação Infantil relatando que as crianças de três ou quatro anos que estão chegando à escola têm se acidentado muito nos momentos de parque, pois brincam apenas de corrida. Uma delas nos conta que a escola em que trabalha se mobilizou para ensinar brincadeiras tradicionais às crianças, como brincadeiras musicadas, amarelinha, caracol, corda, elástico, bate-mãos, entre outras. Diante disso, as trombadas diminuíram drasticamente e outras maneiras de contato entre os corpos puderam ser usufruídas.

São muitos os saberes que se articulam no brincar, tanto do lado das crianças como do lado dos professores. Ainda que as diferenças entre suas posições sejam fundamentais para o encontro educativo, é na proximidade criada entre eles que uma leitura do educador poderá comparecer. Organizar o espaço, o tempo e os materiais para o brincar são intervenções indiretas que se alimentam da escuta e da observação dos professores. Com base na leitura de seus grupos, novos cenários podem ser compostos, enriquecidos pelas histórias trazidas pelas crianças – suas experimentações – e, também, pelos professores, que podem potencializar o faz de conta, reconhecendo-o como manifestação legítima da infância. Como cantou o músico recifense Chico Science (1996): "Um passo à frente e você não está mais no mesmo lugar". Essa é a decisão que concerne ao educador: mover-se na relação com as crianças, e não apenas buscar que elas se movam.

Vejamos um exemplo. A professora de um grupo de crianças de quatro anos monta um cenário no pátio: é um dia ensolarado e tecidos de chita amarrados nos postes sombreiam o espaço, que foi composto por três grupos de mesinhas encostadas, como mesas de piquenique, com as cadeiras por perto. Nas mesas forradas com papel há panelas, talheres, copos e pratos de plástico, além de potes com água colorida e massinha de farinha.

As crianças chegam e ocupam o ambiente. Algumas brincam de fazer comidinhas com os materiais disponíveis, outras buscam areia, folhas, flores e terra nos arredores para incrementar a brincadeira. Outras, ainda, escolhem brincar no brinquedo de madeira disponível, desafiando seus corpos. Algumas brincam de piratas, inspiradas pela leitura que a professora fez antes de saírem para o pátio.

A professora planejou potencializar uma brincadeira de restaurante, pois havia percebido que as crianças gostavam muito de fazer comidinhas. Não contava que um grupo não quisesse brincar disso. Mas, ao observar as escolhas dos brincares dos pequenos grupos, percebe-os todos envolvidos. Ela consegue se desapegar de sua proposta de que brincassem de restaurante e circula por todos os grupos, escutando e observando os movimentos que acontecem.

Aceita os convites para experimentar as gostosuras que estão sendo preparadas pelas crianças e, também, se aventura com os piratas. Observa os desafios corporais do grupo que sobe até o alto do brinquedo de madeira. Ela lê o grupo e, ao mesmo tempo, percebe que a escolha das brincadeiras é das crianças. Nesse contexto, a educadora assume o papel de promover e mediar os brincares das crianças, tomando-as como sujeitos, acompanhando-as em suas fabulações e descobertas. Logo, novas ideias de cenários surgem, para dar continuidade ao brincar de seu grupo.

Vejamos outras possibilidades a partir desse mesmo exemplo. A professora poderia chamar as crianças que foram para o brinquedo de madeira, pois elas não estavam cumprindo o combinado. Afinal, ela havia dedicado bastante tempo na organização do espaço, no preparo e na seleção dos materiais. Aquela era a hora de brincar de restaurante, e não no brinquedo de madeira ou de piratas. Essa postura pode ser fruto de um entendimento de que o planejado precisa acontecer, pois é ele que assegura aquele momento como educativo – o que pode "didatizar" o brincar. A intenção da professora se sobrepõe à leitura que faz do grupo e ao convívio com as crianças.

Também pode acontecer de a professora fazer o convite para a atividade coletiva, pois, em sua leitura da dinâmica daquele grupo, ela entende que deve fomentar encontros e promover alguma renúncia do prazer imediato das crianças, em prol dos laços com os colegas. Alguém que de fora assistisse à cena talvez não conseguisse perceber a diferença entre os dois exemplos descritos, em que a educadora chama todas as crianças para a atividade coletiva. Há algo que não se mede ou se garante: a implicação da professora ao subverter o planejamento em função do que se apresentou, no momento, com as crianças.

Outro cenário, que torna ainda mais complexa a situação: e se justo no dia em que ela organizou todo um espaço cuidado ao ar livre para a brincadeira de restaurante, na qual as crianças costumavam investir, bem nesse dia um dos meninos usualmente muito acanhado, que costuma estar sozinho nos mais variados momentos, está desfrutando do pega-pega pirata que parte da turma pôs em marcha? Bem, novamente há uma leitura a ser feita para balizar a decisão da professora de qual caminho seguir: será o momento de autorizar tempo e espaço para os brincares plurais, ou insistir na convocação para o momento coletivo, em torno de uma atividade específica?

Pode parecer estranho que um planejamento seja revisto em função da forma como uma das crianças se enlaça com a turma, em determinado dia. Mas há um princípio mais geral que se efetiva aí: quando a professora se inclina em direção a determinada criança e acolhe algo muito particular que ela aporta para o grupo, a educadora afirma que o coletivo é espaço que abriga as vivências singulares. Não é um exercício simples ou óbvio; muito pelo contrário, é bastante exigente e provavelmente vai demandar que não só a professora, mas toda a escola sustente a intervenção – para tanto, os espaços formativos de professores são fundamentais.

As crianças são sujeitos que se expressam e interagem com o mundo, em grande parte usufruindo de seus brincares, que precisam ser considerados. Como o professor faz isso? Por meio da escuta e da observação atentas, lendo as crianças, o que implica perceber suas diversas expressões, mesmo as mais sutis, e compartilhar com elas seus sentidos, considerando a complexidade humana. Respeitá-las, ouvi-las com ouvidos de escutar e vê-las com olhos de ver, para, com elas, construir o cotidiano escolar. Promover condições para que as experiências ocorram, oferecer espaço e tempo para que elas possam ser elaboradas.

Para isso, é importante planejar, explicitando a intencionalidade, mas também estar aberto às dinâmicas do grupo de crianças, o que inclui as necessidades individuais e as coletivas. Há lugar, na prática educativa, para uma presença aguçada do adulto, uma disponibilidade e abertura às crianças, com suas peculiaridades. Postura que permite também aos educadores aportarem suas maneiras singulares de ensinar, brincar e nomear o mundo. Nesse sentido, a educação se aproxima da atividade do artesão, pois os professores deixam suas marcas na construção dos laços com seus alunos, com seu grupo.

Quando se trata da subjetividade, não podemos deixar de pensar também no papel das crianças nas relações entre elas: a função do semelhante. Essa função pode apoiar os professores da Educação Infantil no entendimento de que a maneira como as crianças se comportam nem sempre se destinam a eles, mas incluem as outras crianças, seus colegas. Dessa forma, se o professor estiver atento às relações que se estabelecem entre elas, ele pode

> utilizar estratégias que promovam um relacionamento aberto e flexível entre as crianças, permitindo que a função do semelhante seja colocada em funcionamento. Pode estar atento ao gerenciamento dos

conflitos no grupo-classe, apoiando as crianças na contenção da agressividade, no caminho para a fraternidade. Então, o professor, enquanto coordenador de grupo-classe, pode adotar a função do semelhante como uma possibilidade de leitura e de intervenção em seu grupo de crianças, perguntando-se como as crianças da turma se relacionam entre si e por que o fazem dessa maneira. (BAROUKH, 2020, p. 69)

Sobre rotas e travessias

Podemos entender o planejamento como um roteiro de viagem. Quando viajamos, estudamos o lugar a que iremos, conversamos com quem já visitou aquele destino, escolhemos ir a determinados lugares, mas também estamos abertos para os imprevistos e os encantamentos que surgem nos caminhos que trilhamos. Estamos porosos, desejosos de conhecer aquela cultura, encontrar as pessoas que a vivem. Estamos dispostos a mergulhar em estranhamentos e assombros, acolher o inesperado, vivendo deslocamentos internos. Da mesma maneira, conhecer o grupo de crianças e as culturas infantis que produzem convoca uma presença flexível e disponível dos educadores para que vivam – com seus grupos – experiências, percorrendo caminhos inusitados e desconhecidos.

Eliot (2018, p. 227) assim escreveu: "Os tempos passado e futuro/ O que poderia ter sido e o que foi/ Apontam a um só fim, que é sempre presente". É no presente e na presença que a vida acontece, que os acontecimentos se sucedem, que as experiências podem ganhar sentido e que nos constituímos. Há outro tipo de temporalidade que foi destacada pela psicanálise: é o tempo da ressignificação, em que um acontecimento pode produzir uma inflexão no que estava em curso. Circulando pela cidade de São Paulo podemos encontrar um lambe-lambe que estampa "o poema muda o sentido do caminho" – é exatamente disso que falamos: algo que acontece e permite avançar por um novo rumo, uma outra interpretação, ou, ainda, uma nova significação.

Estar presente significa implicar-se na relação com o outro – no caso dos professores, com as crianças. A escola de Educação Infantil é lócus de experiências, de produção de sentidos. É um ambiente propício, que oferece tempo, espaço, materialidades e encontros para que as crianças vivam acontecimentos, tecendo suas experiências e aprendendo o mundo, conhecendo e transformando-o. Valter Hugo Mãe pondera que

> cada vez que a nossa cabeça resolve um problema aumentamos de tamanho. Podemos chegar a ser gigantes, cheios de lonjuras por dentro, dimensões distintas, países inteiros de ideias e coisas imaginárias. (MÃE, 2019, p. 10)

E nós acrescentamos que isso não acontece apenas quando os resolvemos, pois a própria proposição de problemas e questionamentos expande nossas fronteiras interiores.

As crianças são ávidas de mundo, buscam explicações para ele, formulam hipóteses. Como acolhê-las, então? Lendo-as, conversando com elas, observando e escutando-as, permitindo que fabulem, que se metamorfoseiem, que imaginem, que formulem suas indagações. Paulo Freire propõe

> a curiosidade como inquietação indagadora, como inclinação ao desvelamento de algo, como pergunta verbalizada ou não, como procura de esclarecimento, como sinal de atenção que sugere alerta faz parte integrante do fenômeno vital. (FREIRE, 2000, p. 35)

Dessa maneira, é fundamental fomentar um ambiente em que as inquietações indagadoras tenham espaço e tempo para existir, um ambiente tecido pelas relações entre as crianças e das crianças com os adultos, que lhes apresentam o mundo. As experiências são vividas por todos.

Fernando Sabino descreve o encontro de Bernardo com um adulto:

> Bernardo tem cinco anos mas já sabe da existência do Japão. E aponta para o céu com o dedo:
> – É atrás daquele teto azul que fica o Japão? Tenho de explicar-lhe que aquilo é o céu, não é teto nenhum.
> – Mas então o céu não é o teto do mundo?
> – Não: o céu é o céu. O mundo não tem teto. O azul do céu é o próprio ar. O Japão fica lá embaixo – e apontei para o chão. – O mundo é redondo feito uma bola. Lá para cima não tem país nenhum não. Só o céu mesmo, mais nada. (SABINO, 2007, p. 41)

Uma conversa meio truncada, podemos pensar, que não deixa Bernardo explorar suas hipóteses, criar suas explicações. Como se o adulto quisesse que Bernardo tivesse acesso às informações corretas, o que poderia ter por efeito a imposição de conhecimento onde havia abertura para o desconhecido. Mia Couto adverte-nos a esse respeito:

> um dos problemas do nosso tempo é que perdemos a capacidade de fazermos as perguntas que são impor-

tantes. A escola nos ensinou apenas a dar respostas, a vida nos aconselha a que fiquemos quietos e calados. (COUTO, 2011, p. 84)

Tenhamos, então, a largueza de ouvir e considerar as indagações das crianças, permitindo que elas possam durar no tempo.

O diálogo que Bernardo entabula nos faz lembrar da cena acontecida com Henrique e sua professora, que descrevemos no início do livro: se é verdade que existem jeitos melhores do que outros para interagir com as crianças, também é preciso ressaltar que nem sempre é possível saber de antemão o resultado que será obtido. Henrique nos mostrou como recolheu, daquela aula sobre formas geométricas, algo que entendemos ser o cerne da relação educativa: havia consideração pelo que a professora trazia, o que permitiu que ele apreendesse conhecimentos e despertasse seus interesses.

Por isso, a importância desta ideia, de que o professor pode fazer uma leitura dos bebês e crianças pequenas, ou seja, extrair hipóteses que o ajudem a balizar seu próximo gesto. O professor é, dessa forma, também sujeito da experiência, que é definido, nas palavras de Larrosa,

> não por sua atividade, mas por sua passividade, por sua receptividade, por sua disponibilidade, por sua abertura. Trata-se, porém, de uma passividade anterior à oposição entre ativo e passivo, de uma passividade feita de paixão, de padecimento, de paciência, de atenção, como uma receptividade primeira, como uma disponibilidade fundamental, como uma abertura essencial. (LARROSA, 2016, pp. 25-26)

Como em uma viagem de barco, em que se está munido de equipamentos e mapas que, a despeito de serem fundamentais, não dispensam ao viajante estar atento às ondas, ao céu, aos ventos... A leitura desses elementos, que mudam a cada ocasião, é essencial para a travessia. E quando finalmente o barco atraca em um porto, poderemos dizer: chegamos, e olha só tudo que vivemos juntos!

O poeta grego Konstantinos Kaváfis (2009, p. 10) retoma parte da saga vivida por Ulisses, guerreiro e herói das famosas obras de Homero, *Ilíada* e *Odisseia*, no seu regresso a Ítaca, sua cidade natal. Ele escreve: "Quando partires em viagem para Ítaca/ faz votos para que seja longo o caminho,/ pleno de aventuras, pleno de conhecimentos". Sem ter Ítaca como objetivo, o viajante nunca se poria a caminho; é graças a ela que se deu a bela viagem.

O mesmo se passa no cotidiano dos educadores. Temos um norte: possibilitar que a criança vislumbre a exuberância do mundo; é esse o propósito da educação, e, para tanto, inventamos o planejamento, mas ele não nos engessa, nem nos turva os olhos. Ao assumirmos a concepção de crianças-sujeitos, o dia a dia nos provoca a pousarmos nossos olhos no horizonte, a olhar mais detidamente, a escutar com vagar e atentamente, a mergulharmos nas relações.

A escola convida crianças e professores a embarcarem em uma jornada de encontros e descobertas, pois, como diz Fernando Pessoa (2006, p. 146), "navegar é preciso, viver não é preciso". Com a precisão da intencionalidade, a vida se faz imprecisa – a jornada traz preciosidades inesperadas, mistérios a serem investigados.

Gilberto Gil (1969) canta que a Bahia lhe deu "régua e compasso" para que, com isso, trilhasse seu caminho pelo mundo. Transmissão própria ao campo educativo: possibilitar o acesso ao legado humano para que cada um trace um percurso que seja, a um só tempo, singular e coletivo – que tenha precisão, uma vez que é necessário, e imprecisão, pois também é aventura, abre-se ao acaso. Assim concluímos nossas reflexões que foram construídas com a presença presumida de interlocutores interessados no debate sobre educação e com atenção às crianças, seus gestos e dizeres, que (im)precisamente foram escritos neste livro.

... E no final de um dia, lá vai ele, com o sorriso no rosto, carregando todo tipo de vestígios dos encontros em seu corpo e roupa; lá vai ela, aninhada no colo, mãos esfregando os olhos que tanto trabalharam. Mãos que tatearam o mundo! O momento da partida é muito mais que um encerramento, é o começo de outros jogos, em que os fragmentos do que foi vivido nesse espaço-mundo da escola vão poder ser revisitados, explorados, esquecidos no espaço-casa. Ao fim da jornada abre-se outro convite: FAÇA-SE, MUNDO!

Referências bibliográficas

AGAMBEN, Giorgio. *Infância e história*: destruição da experiência e origem da história. Belo Horizonte: UFMG, 2005.

ALEMAGNA, Beatrice. *O que é uma criança?* São Paulo: WMF Martins Fontes, 2010.

ANDRADE, Carlos Drummond de. *Antologia poética*. Rio de Janeiro: José Olympio, 1978.

ANTUNES, Arnaldo. *As coisas*. São Paulo: Iluminuras, 2000.

_____. *Frases do Thomé aos três anos*. Porto Alegre: Alegoria, 2006.

ARENDT, Hannah. "A crise na educação". In: *Entre o passado e o futuro*. São Paulo: Perspectiva, 2007.

ASAS do desejo. Direção: Wim Wenders. Berlim: Road Movies Berlim, 1987. 1 DVD. Coleção Folha Cine Europeu v. 7 (128 min), son., color. e p&b.

BANDEIRA, Manuel. *Manuel Bandeira – 50 poemas escolhidos pelo autor*. São Paulo: Cosac Naify, 2006.

BARBOSA, Maria Carmen Silveira; RICHTER, Sandra Regina Simonis. "Mia Couto e a educação de crianças pequenas: alteridade, arte e infância". *Revista Eletrônica de Educação*, v. 9, n. 2, pp. 485-518, 2015. Disponível em: <http://www.reveduc.ufscar.br/index.php/reveduc/article/view/1120>. Acesso em: 27 ago. 2021.

BARROS, Manoel de. *Memórias inventadas*: a infância. São Paulo: Planeta, 2003.

_____. *Poesia completa*. São Paulo: Leya, 2010.

BAROUKH, Josca Ailine. *A posição do professor frente ao aluno e seus pares na Educação Infantil*: uma leitura psicanalítica acerca do olhar do professor para a função do semelhante na escola. Dissertação (Mestrado) – Faculdade de Educação, Universidade de São Paulo, São Paulo, 2020.

BENJAMIN, Walter. "O narrador". In: *Magia e técnica, arte e política*:

ensaios sobre literatura e história da cultura. Obras escolhidas, v. 1. São Paulo: Brasiliense, 2012a.

_____. "A obra de arte na era de sua reprodutibilidade técnica". In: *Magia e técnica, arte e política*: ensaios sobre literatura e história da cultura. Obras escolhidas, v. 1. São Paulo: Brasiliense, 2012b.

_____. "Brinquedo e brincadeira". In: *Magia e técnica, arte e política*: ensaios sobre literatura e história da cultura. Obras escolhidas, v. 1. São Paulo: Brasiliense, 2012c.

_____. "História cultural do brinquedo". In: *Magia e técnica, arte e política*: ensaios sobre literatura e história da cultura. Obras escolhidas, v. 1. São Paulo: Brasiliense, 2012d.

BLOCH, Pedro. *Dicionário de humor infantil*. Rio de Janeiro: Ediouro, 1997.

BOSI, Ecléa. "A atenção em Simone Weil". *Psicologia USP*, v. 14, n. 1, pp. 11-20, 2003. Disponível em: <https://www.scielo.br/j/pusp/a/PL-9Dxj7s9fQxnxZFHvPghRc/?lang=pt>. Acesso em: 3 set. 2012.

BRASIL. *Base Nacional Comum Curricular* – BNCC. Ministério da Educação. Brasília, DF, 2018. Disponível em: <http://basenacionalcomum.mec.gov.br/>. Acesso em: 6 set. 2021.

_____. *Estatuto da Criança e do Adolescente* – ECA, Lei n. 8.069, de 13 de julho de 1990. DOU de 16/07/1990 – ECA. Brasília, DF. Disponível em: <http://www.planalto.gov.br/ccivil_03/leis/l8069.htm>. Acesso em: 23 nov. 2018.

BUARQUE, Chico; SIVUCA. *João e Maria*. Álbum Muse of Bossa Nova, 2003.

CAPPARELLI, Sérgio. *111 poemas para crianças*. Porto Alegre: L&PM, 2010.

CARROLL, Lewis. *Aventuras de Alice no País das Maravilhas* – Através do Espelho e o que Alice encontrou por lá. Tradução Maria Luiza X. de A. Borges. Rio de Janeiro: Zahar, 2009.

COUTO, Mia. *Poemas escolhidos*. São Paulo: Companhia das Letras, 2016.

_____. *E se Obama fosse africano? e outras interinvenções*. Ensaios. São Paulo: Companhia das Letras, 2011.

CRESPIN, Graciela. *À escuta de crianças na educação infantil*. São Paulo: Instituto Langage, 2016.

DUNKER, Christian Ingo Lenz. "O nascimento do sujeito". *Revista Mente e Cérebro*, São Paulo, v. 2, pp. 14-26, 2006.

ECKSCHMIDT, Sandra. "O brincar na escola". In: MEIRELLES, Renata (org.). *Território do Brincar em diálogo com as escolas*. São Paulo: Instituto Alana, 2015.

EDWARDS, Carolyn; GANDINI, Lella; FORMAN, George. *As cem linguagens da criança*. Porto Alegre: Artmed, 2008.

ELIOT, Thomas Stearns. *Poemas*. São Paulo: Companhia das Letras, 2018.

FONSECA, Paula Fontana. *Inquietações políticas em psicanálise e educação*: o caso da Educação Infantil. São Paulo: Benjamin Editorial, 2019.

FREIRE, Paulo. *Pedagogia da autonomia*: saberes necessários à prática educativa. São Paulo: Paz e Terra, 2000.

FREUD, Sigmund. "Psicologia das massas e análise do Eu (1921)". In: *Obras completas*: psicologia das massas e análise do Eu e outros textos (1920-1923), v. 15. Tradução Paulo Cezar Souza. São Paulo: Companhia das Letras, 2011.

_____. "Além do princípio de prazer (1920)". In: *Obras incompletas de Sigmund Freud*, v. 18, pp. 57-220. Tradução Maria Rita Salzano Moraes. Belo Horizonte: Autêntica, 2020.

FRIEDMANN, Adriana. *A vez e a voz das crianças* – escutas antropológicas e poéticas das infâncias. São Paulo: Panda Educação, 2020.

GALEANO, Eduardo. "O direito ao delírio". In: *De pernas pro ar*: a escola do mundo ao avesso. Porto Alegre: L&PM, 2011.

_____. *O livro dos abraços*. Porto Alegre: L&PM, 2020.

GIL, Gilberto. *Aquele abraço*. Álbum Cérebro Eletrônico, 1969.

_____. *Metáfora*. Álbum Um Banda Um, 1982.

GUERRA, Cris. *Mãe*. Belo Horizonte: Miguilim, 2016.

HAN, Byung-Chul. *Sociedade do cansaço*. Petrópolis: Vozes, 2017.

HANDKE, Peter; WENDERS, Wim. *Der Himmel über Berlin – ein Filmbuch*. Frankfurt am Main: Suhrkamp Verlag, 2005.

HERÁCLITO. "Fragmento 50". In: *Os pensadores originários* – Anaximandro, Parmênides, Heráclito. Tradução Emmanuel Carneiro Leão. São Paulo: Vozes, 1991.

HUIZINGA, Johan. *Homo ludens*. São Paulo: Perspectiva, 2001.

JERUSALINSKY, Alfredo. *Psicanálise e desenvolvimento infantil*: um enfoque transdisciplinar. Porto Alegre: Artes e Ofícios, 2010.

JERUSALINSKY, Julieta. *A criação da criança*: brincar, gozo e fala entre mãe e bebê. Salvador: Ágalma, 2011.

KAVÁFIS, Konstantinos. *Ítacas*. Belo Horizonte: FALE/UFMG, 2009. Disponível em: <https://labed-letras-ufmg.com.br/wp-content/uploads/2020/12/itacas-site.pdf>. Acesso em: 1º set. 2021.

KUPFER, Maria Cristina Machado. *Educação para o futuro*. Psicanálise e educação. São Paulo: Escuta, 2013.

_____ et al. "Valor preditivo de indicadores clínicos de risco para o desenvolvimento infantil: um estudo a partir da teoria psicanalítica". *Latin American Journal of Fundamental. Psychopathology*. Online, v. 6, n. 1, pp. 48-68, maio de 2009. Disponível em: <https://biblat.unam.mx/hevila/Latinamericanjournaloffundamentalpsychopathology/2009/vol6/no1/4.pdf>. Acesso em: 24 maio 2021.

LACAN, Jacques. *Seminário*. Livro 1: Os escritos técnicos de Freud. Rio de Janeiro: Jorge Zahar, 1986.

LAPLANCHE, Jean. *Vocabulário da psicanálise Laplanche e Pontalis*. São Paulo: Martins Fontes, 2016.

LARROSA, Jorge. *Pedagogia profana*: danças, piruetas e mascaradas. Belo Horizonte: Autêntica, 2010.

_____. *Tremores*: escritos sobre experiência. Belo Horizonte: Autêntica, 2016.

LAZNIK, Marie-Christine. *A voz da sereia*: o autismo e os impasses na constituição do sujeito. Salvador: Ágalma, 2004.

LISPECTOR, Clarice. "Menino a bico de pena". In: *Todos os contos*. Rio de Janeiro: Rocco, 2016.

LÓPEZ, Maria Emília. *Um mundo aberto*: cultura e primeira infância. São Paulo: Instituto Emília, 2018.

MÃE, Valter Hugo. *As mais belas coisas do mundo*. Rio de Janeiro: Biblioteca Azul, 2019.

MANNONI, Maud. *A primeira entrevista em psicanálise*: um clássico da psicanálise. Rio de Janeiro: Elsevier, 2004.

MARIOTTO, Rosa Maria Marini. *Cuidar, educar e prevenir*: as funções da creche na subjetivação de bebês. São Paulo: Escuta, 2009.

MARTINS, Evandro Silva. "A etimologia de alguns vocábulos referentes à educação". *Olhares e Trilhas*, Uberlândia, ano VI, n. 6, pp. 31-36, 2005. Disponível em: <http://www.seer.ufu.br/index.php/olharesetrilhas/article/viewFile/3475/2558#:~:text=Educare%2C%20no%20latim%2C%20era%20um,da%20vir%2D%20tualidade%20%C3%A0%20realidade>. Acesso em: 18 ago. 2021.

MASSCHELEIN, Jan; SIMONS, Maarten. *Em defesa da escola*: uma questão pública. Belo Horizonte: Autêntica, 2019.

MEIRELLES, Renata. *Brincar é o instrumento de ser. A criança é o próprio brincar*. Entrevista a Raquel Drehmer, 24 ago. 2018. Disponível em: <https://bebe.abril.com.br/desenvolvimento-infantil/brincar-e-o-instrumento-de-ser-a-crianca-e-o-proprio-brincar/>. Acesso em: 25 ago. 2021.

MELLO, Thiago de. *Faz escuro mas eu canto*. São Paulo: Global, 2017.

MORAES, Vinicius de. *Antologia poética*. Rio de Janeiro: José Olympio, 1976.

_____. *Poesia completa*. Rio de Janeiro: Nova Aguilar, 1998.

NARANJO, Javier (org.). *Casa das estrelas*: o universo pelo olhar das crianças. São Paulo: Planeta, 2019.

ORDINE, Nuccio. *A utilidade do inútil*: um manifesto. Rio de Janeiro: Zahar, 2016.

PAIVA, Flávio. "Brincar é urgente". In: *Eu era assim*: infância, cultura e consumismo. São Paulo: Cortez, 2009. Disponível em: <http://www.flaviopaiva.com.br/ensaios/brincar-e-urgente-livro-eu-era-assim-infancia-cultura-e-consumismo-2009/>. Acesso em: 10 ago. 2021.

PESSOA, Fernando. *Livro do desassossego*. São Paulo: Companhia das Letras, 2006.

PIORSKI, Gandhy. "Encantarias de infância". In: ROMEU, Gabriela. *Terra de cabinha*. São Paulo: Peirópolis, 2016.

PRADO, Adélia. *Poesia reunida*. Rio de Janeiro: Record, 2015.

PRATA, Antonio. *Trinta e poucos*. São Paulo: Companhia das Letras, 2016.

_____. *Nu, de botas*. São Paulo: Companhia das Letras, 2013.

QUEIRÓS, Bartolomeu Campos de. *Ler, escrever e fazer conta de cabeça*. São Paulo: Global, 2004.

QUINTANA, Mario. *Mario Quintana. Poesia completa*. Rio de Janeiro: Nova Aguilar, 2006.

ROSA, João Guimarães. "Grande sertão: veredas". In: *Ficção completa em dois volumes*, v. 2. Rio de Janeiro: Nova Aguilar, 1994.

ROUDINESCO, Élisabeth; PLON, Michel. *Dicionário de psicanálise*. Rio de Janeiro: Zahar, 1998.

SABINO, Fernando. *Fernando Sabino na sala de aula*. São Paulo: Panda Books, 2007.

_____. *O encontro marcado*. Rio de Janeiro: Record, 2015.

SAURA, Soraia Chung. *O brincar elabora uma ideia de humanidade*. Entrevista, 26 maio 2021. Disponível em: <https://alana.org.br/entrevista-soraia-chung-brincar/>. Acesso em: 25 ago. 2021.

SCHWARTSMAN, Hélio. "Os acadêmicos". *Folha de S.Paulo*, São Paulo, 8 maio 2003. Disponível em: <https://www1.folha.uol.com.br/folha/pensata/helioschwartsman/ult510u355992.shtml#:~:text=Desde%20a%20semana%20passada%20eles,%2C%20finalmente%2C%20%22escola%22>. Acesso em: 28 maio 2021.

SCIENCE, Chico. *Um passeio no mundo livre*. Álbum Afrociberdelia, 1996.

SZYMBORSKA, Wisława. *Poemas*. São Paulo: Companhia das Letras, 2011.

TATIT, Paulo; TATIT, José. *Uma era*. Álbum Canções de Ninar, 1994.

VELOSO, Caetano. Boas-vindas. Álbum Circuladô, 1991.

VOLTOLINI, Rinaldo. *Educação e psicanálise*. Rio de Janeiro: Zahar, 2011.

WHITMAN, Walt. *Folhas de relva*. São Paulo: Iluminuras, 2008.

WINNICOTT, Donald Woods. "Teoria do relacionamento paterno infantil (1960)". In: *O ambiente e os processos de maturação*. Porto Alegre: Artmed, 1983.

_____. "Da dependência à independência no desenvolvimento do indivíduo (1963)". In: *O ambiente e os processos de maturação*. Porto Alegre: Artmed, 1983.

_____. *Da pediatria à psicanálise* – obras escolhidas. Rio de Janeiro: Imago, 2000.